供应链金融
模式与案例

鲍新中◎编著

经济管理出版社
ECONOMY & MANAGEMENT PUBLISHING HOUSE

图书在版编目（CIP）数据

供应链金融模式与案例 / 鲍新中编著 . — 北京：经济管理出版社，2021.1（2022.9重印）
ISBN 978-7-5096-7725-4

Ⅰ . ①供⋯　Ⅱ . ①鲍⋯　Ⅲ . ①供应链管理—金融业务—研究　Ⅳ . ① F252.2

中国版本图书馆 CIP 数据核字（2021）第 018770 号

组稿编辑：张永美
责任编辑：胡　茜　康国华
责任印制：任爱清
责任校对：陈　颖

出版发行：经济管理出版社
　　　　　（北京市海淀区北蜂窝 8 号中雅大厦 A 座 11 层　　100038）
网　　址：www.E-mp.com.cn
电　　话：（010）51915602
印　　刷：唐山昊达印刷有限公司
经　　销：新华书店
开　　本：720mm × 1000mm/16
印　　张：13
字　　数：226 千字
版　　次：2021 年 1 月第 1 版　2022 年 9 月第 3 次印刷
书　　号：ISBN 978-7-5096-7725-4
定　　价：68.00 元

前　言

　　企业数量占比高达 80% 的小微企业在国家经济发展、民生保障和就业促进等方面发挥了重要作用，然而融资困境却一直是困扰其发展的"顽疾"。20世纪 90 年代兴起的供应链融资模式，借助供应链中信誉较高的核心企业，以核心企业与上下游小微企业的真实贸易凭证为授信依据，在一定程度上破解了小微企业难于授信和缺乏规模效应的难题。供应链金融能显著降低中小企业信贷风险，其短周期特性可以提前暴露企业经营风险，为控制银行贷款信用风险提供有力支撑。同时，供应链金融在一定程度上也加深了银行与核心客户的合作深度，增加核心客户的贡献度。

　　近年来国家先后出台金融支持工业稳增长、推进企业信息化建设、金融支持服务贸易发展等若干政策，鼓励金融企业大力发展供应链融资业务。互联网技术的发展也催生新型供应链金融发展，并且伴随着大数据、区块链、物联网等新兴技术的发展，多维度、立体化的供应链交易数据为供应链金融发展奠定了坚实的风控基础。供应链金融市场主体也呈现出多元化趋势。面对供应链金融蕴含的巨大市场潜力，近年来，除传统的商业银行外，产业龙头企业、电商平台、保险公司、互联网金融企业等也纷纷加快供应链金融战略布局，供应链金融市场呈现多元化、白热化竞争态势。

　　北京联合大学创新企业财务管理研究中心坚持理论联系实际，经过多年的努力，已经在知识产权质押融资、供应链金融（供应链融资）、低碳与环境会计、PPP 融资与风险管理等方面形成了稳定的研究方向，取得了一定的研究成果。在供应链金融（供应链融资）方面，承担了教育部人文社科项目、北京市社科基金项目、北京市属高校高水平教师队伍建设支持计划项目、长城学者培养计划项目，并以这些课题为基础为企业提供咨询和培训服务，取得了一定的成果，本书是系列研究成果的一部分。

　　关于供应链金融的认知主要有三个视角，分别是基于供应链核心企业视角的供应链金融、基于电子商务平台服务商视角的供应链金融以及基于商业银行视角的供应链金融。本书从这三个视角出发，分析了三种视角下的供应链金融模式以及相关的典型案例。本书在写作过程中参考了多位学者的研究成果，在此表示感谢，也感谢经济管理出版社各位编辑老师的辛勤付出。希望本书能够为政府相关部门、金融机构、企业和中介机构决策提供指导思路，也希望为相关研究领域的学者和相关专业学生提供参考。

目　录

Part 2
第二部分

基于供应链核心企业的供应链金融

Part 3
第三部分

基于金融机构的供应链金融

Part 4
第四部分

基于电商平台的供应链金融业务

Part 1

第一部分

供应链金融的概述

第一章

供应链金融的含义与发展

1980 年以来，随着国际化的加速，欧洲和美国的大型企业把战略重点放在海外市场上。1995 年之后，学者以及企业的管理者发觉在世界外围内的外包虽然降低了企业的生产成本，但是却提升了企业仓储以及物流等环节的消耗，使产品的成本并没有显著的降低，基于此，欧洲和美国的企业开始为供应链寻找更合理的金融解决方案。在这种背景下，供应链融资应运而生。

第一节　供应链金融的含义

传统的供应链，是以企业为中心，从企业生产原料的供应开始，到企业产品的产出、仓储、营销，直至产品的使用者以及售后服务，构成了一个完整的产业链体系。供应链金融，是银行等金融机构以企业为服务对象，对其上游供应商及下游的经销商等供应链中各个环节所涉及的资金、物流等要素进行整合管理。将供应链中的每个参与者变成利益共同体，提升了企业的抗风险能力。而且通过对供应链中信息的整合，可以有效地规避生产环节中可能出现的风险。

供应链金融是目前金融业产品中的一种，为中小企业融资提供了一定的支持，核心企业针对稳定的高端客户提供新的渠道，带来了较大的经济效益和社会效益。国内外研究学者从不同角度定义了供应链金融，本书采用了经济学者胡跃飞的定义，其认为供应链金融是指金融机构围绕着核心企业，为其上游和下游的相关企业提供的综合金融服务。除了满足融资需求外，金融机构还为其提供其他的增值服务。供应链金融体系见图 1-1。

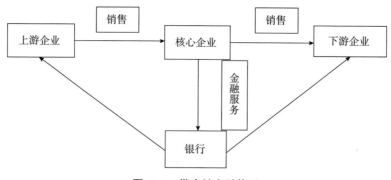

图 1-1　供应链金融体系

　　我国银行对于供应链金融的作用的看法各有不同，主要可以概括为三种类型：

　　（1）一部分银行表示供应链金融属于一种能够在一定程度上解决各企业的融资难题的手段。它们比较重视与核心企业之间的稳定关系，认为可以对由核心企业负责的供应链中的各个企业推出专门的融资方案。

　　（2）一部分银行认为供应链金融是一种新型金融业务服务模式。它们认为一个企业如果具备基本的条件，在贸易背景、现金流和信用方面满足要求，就可以向其提供针对性的融资贷款。相对于核心企业，银行更加在意商业交易方面的问题。

　　（3）一部分银行结合当前市场的情况，认为供应链金融是一种相对复杂的金融服务类型。他们表示该金融业务不应该只应用于融资贷款方面，还应该在企业的资产、债务和中间业务等多个方面取得应用，以更大程度地满足各企业的更多需要。

一、供应链金融的参与主体

　　供应链金融的实际应用由四种类型的机构共同完成：对资金有需求的角色，如供应链中的成员企业，大多是处在相对弱势地位、与核心企业配套的中小型企业；提供资金的金融机构，主要以商业银行为代表；中介等中间机构，包括物流公司和保险公司等；监管机构，主要包括中国人民银行和银监会。

（一）核心企业的关键作用

核心企业并不是供应链金融的必要参与者，但却在这一过程的顺利实施中起到一个提供保证的第三人的作用。核心企业就是在一个行业的市场中占据较大的市场份额，在行业中拥有一定的领导力，它本身的行业和实力是开展供应链金融业务的关键性要件。在信息技术行业，核心企业就是掌握着关键产品的核心技术的产业。核心企业的作用就是对整个供应链中的企业负责，引导、管理各企业的经营行为，同时，核心企业也是整个供应链中最大的受益者。据此，核心企业将会致力于提高整个行业的竞争力，负责全部企业的经营情况管理。核心企业在经营过程中遇到的融资难题较少，但是，因为供应链中的连带关系，核心企业还是会对供应链中的各企业进行科学合理的安排，以避免影响其本身的业务质量和企业收入。

（二）供应链上下游配套企业的基本条件

在供应链中充当配套企业角色的企业，多数都是中小型企业，其上游企业就是为核心企业提供原材料、零件配件的企业，主要为核心企业的生产过程服务；与其相对应的下游企业就是在核心企业将产品生产出来后参与商品销售的企业，也为核心企业采买原材料。想在供应链当中与核心企业合作，就必须符合特定的条件：①企业必须具有正常法人资格，合法经营且收入稳定，企业内部管理规范，外部的信用记录良好，能够进行持续性的经营，具备长期按时还款的能力；②企业需要与核心企业保持持续的贸易往来，合作的时间相对较长，具备稳定的结算方式。供应链金融通过融资的方式介入供应链当中，能够促进供应链中物流周转周期的缩短，使参与供应链的企业一同获益。提供供应链金融的银行还会在这一过程中接触到更多的中小型企业，扩大客户的数量，对开拓市场和提高利润大有益处。物流企业也在参与供应链的生产销售等环节中扩大了原有市场的占有量，开拓了新的项目。通过与核心企业的配套合作，借助核心企业的良好信用，解决了其融资困难的问题，还在一定程度上增强了供应链的稳定性，核心企业也因其获益。

二、供应链金融的特点

（1）供应链管理是供应链金融的基础。供应链金融是针对产业链的综合型金融服务，其不依赖单一客户本身的资信状况来判断是否提供服务以及提供何种服务，而是依据产业链的整体运作状况，以企业的真实贸易背景为依托，来判断未来的综合收益以及风险状况。通过对产业链管理的判断，可对客户的盈利能力及风险控制能力进行评价。没有供应链管理，就没有供应链金融，并且供应链管理质量的好坏，决定了供应链金融的融资规模以及风险可控程度。

（2）资金封闭运行是供应链金融发展的前提条件。供应链金融可以在一定程度上对资金流、物流和信息流进行有效控制，在对企业发放贷款时，款项进入指定账户内，企业每笔用款通过该账户进行监控，企业未来现金流入也回到指定回款账户，达到资金封闭流转的目的，从而实现风险控制。

（3）供应链上下游客户群是供应链金融的主要服务对象。与传统信贷服务的单一客户主体的特征不同，供应链金融服务的提供过程涉及供应链上的多个客户主体，根据渠道的不同，会获得大量客户及渠道的信息，因此，要根据产业链的不同特点，提供定制化的个性服务方案。从传统的信贷角度来看，中小企业由于规模较小，具有财务信息不透明和制度不规范、不健全等特点，往往存在较高的信用门槛。从供应链金融的角度来看，上述中小企业的融资弊端将不存在。一方面，中小企业嵌入特定的供应链网络，供应链对其成员的筛选机制使信用风险等问题得以解决。另一方面，供应链核心主体会对上下游进行严格监督，中小企业运行状况可通过核心主体以及产业链运行情况间接获得，银行能对风险尽早预判，及时采取风险控制措施，降低了信用风险发生的可能性，减少了贷后人力管理成本，也大大增加了供应链金融产品的收益。

三、供应链金融的优势分析

首先，供应链金融在一定程度上加深了银行与核心客户的合作深度，增加了核心客户的贡献度，主要表现在：由于供应链管理挖潜空间远大于生产管理，核心企业普遍加强供应链管理，催生了大量的供应链融资需求，如宝钢等；核心企业对银行的议价能力强，直接融资能力强，如美的等；它以优质大企业的资信为核心，银行在帮助缓解上下游资金压力的过程中，有效防止了供应链上下游企业的资金断裂，并且在可控风险下填补了大企业脱媒的贷款缺口，兑现了企业信用。

其次，供应链金融能显著改善银行对公存款的吸存能力，锁定供应链上下游的结算资金。供应链金融产品会带来大量低成本、较稳定的派生存款，对优化银行负债结构、组织对公存款具有积极作用。例如，深圳发展银行供应链融资的授信吸存率是一般性贷款吸存率的4倍。

最后，供应链金融能显著降低中小企业的信贷风险，其短周期特性可以提前暴露企业经营的风险，为控制银行贷款信用风险提供有力支撑。供应链金融产品的周期短，与企业日常资金流转相结合，可以加强风险监控，提前暴露风险。

四、供应链金融与传统金融融资模式的区别

与传统的金融模式相比，供应链金融与传统金融融资模式都可以满足企业的融资需求，但两者在授信主体、评级方式与范围及授信条件等方面存在着较大的区别，表 1-1 从不同维度展示了两者之间的区别。

表 1-1　供应链金融与传统金融融资模式的对比

项目	供应链金融	传统金融融资模式
授信主体	单个或多个企业群体	单个企业
评级方式	主体评级或债项评级	主体评级
评级范围	企业及整个供应链	企业本身
授信条件	动产质押、货权质押等	固定资产质押、有效第三方担保人
银行参与	动态地跟踪企业经营过程	静态地关注企业本身
银行承担的风险	风险较小	风险较大
服务品种	品种多样	品种较少
服务效率	及时解决企业短期流动资金的需求	手续烦琐、效率低下
服务内容	为企业及其上下游行业提供资金支持	解决单个企业短时的融资需求
服务作用	增强整个产业链条的竞争力	仅解决单个企业的资金问题

第二节　供应链金融的发展

供应链金融最初在 20 世纪 80 年代初期于美国开始兴起，在全球范围内占比最高，其次是欧洲，特别是英国（现已退出欧盟）和德国。随着亚洲经济的发展以及新兴市场在制造业上的崛起，供应链金融开始在印度和中国成为主要

的融资产品，印度和中国也将成为供应链金融市场上发展最为快速的两个国家。供应链金融主要涉及零售、制造业、消费品行业、汽车、农业、化工及医药行业。起初，供应链金融的主要关注点在东西方之间的跨国贸易上，买方作为核心企业采购上游生产商的成品或原料，实力雄厚的大型国际买家通常会向其上游的中小产品提供商提供财务支持，并以此获得更为低廉的采购价格。随着供应链金融的发展，该融资产品被更多地应用到了地区之间的贸易中，旨在保障商品交易的持续性，同时也促进了生产商产品销售的增长。在这一过程中，大型的跨国企业或者核心企业出于对财务指标、资金成本和账期等的考虑，逐渐开始挤压其上游中小企业的付款条件，辅以延期付款、提高付款条件等手段。上游的中小企业在这种资源的"侵占"下，变得更为脆弱，并且难以以传统方式和渠道获得流动资金的支持。当大型核心企业的供应链管理日趋完善而上游中小供货商难以靠自偿性回款满足生产经营时，传统的银行开始介入供应链管理，通过有保证的回款如应收账款融资、保理、商业发票贴现等产品向上游供应商提供信贷支持。

一、国外供应链金融业务的发展状况

供应链金融在欧美国家起源并得到广泛利用，欧美商业银行始终关注的是如何围绕大型核心企业提供融资以及对风险的暴露情况。根据麦肯锡的研究报告，全球存在 2 万亿美元的高等级可抵押应付款，同时拥有潜在收入高达 200 亿美元的市场。商业银行与企业均认识到供应链融资产品是银行必须提供的产品，其增长率取决于银行持有的风险敞口意愿，并且在实践中，银行主要为世界 500 强企业提供完善的供应链融资解决方案。Garanti Factoing 和汇丰银行是世界范围内主要的供应链融资服务机构。

最初的供应链融资关注点在于触发型的供应链融资。传统的供应链管理包含了对合同、风险以及融资手段的综合管理，融资主要使用的工具包括信用打分卡、信用评级机构服务以及数据模型工具。例如情景分析模型，能够使企业在商务谈判中获得更为合适的采购条件，然而融资工具的使用和分析结果取决于数据的可得性以及稳定性。作为分析的一部分，上述工具通常能够分析出核心供应商的客户全球分布情况，同时辅助银行发现新的业务（即获客手段）。

随着互联网技术的进步，大数据挖掘、贷款新算法以及 P2P（peer to peer）网络的崛起，供应链金融已经开始将上述成熟的新型分析、控制手段引入银行的分析工具。在整个供应链从采购到支付以及由订单到收款的流程中，部分方案解决商利用网络记录、跟踪数据，形成了其历史数据库，并利用模型识别了各种事件以及触发条件，这就为自动判断并释放现金产生了可能。主要的触发事件包括：订单发布、供应商采购原材料、发货确认、发票开出、发票确认。这些自动化的流程，提高了企业回款的速度，降低了企业财务成本。P2P 模式的小企业贷款（一般不超过 25 万美元）在近五年开始出现，借助科技技术以及数据挖掘分析方法，其能够在很短的时间内完成评估、授信以及放款、回款的全流程管理。

随着互联网和大数据技术的深度应用，我国供应链金融市场迎来了新一轮的繁荣。一方面传统产业巨头通过"供应链＋互联网"方式实现了产融深度结合，推动了经济新常态下供应链金融需求的快速增长；另一方面新型的互联网企业纷纷跨界供应链金融，采取搭建生态圈、依托自身平台等模式进行产品创新，与传统银行机构各施长技、异彩纷呈。

二、国内供应链金融业务的发展状况

2017 年 7 月召开的全国金融工作会议明确了金融服务实体经济的发展要求，为供应链创新与应用提供了良好的政策环境，加之当前我国互联网和大数据技术的广泛应用，供应链金融面临着前所未有的发展机遇。

供应链金融依托真实的交易背景，基于企业应收应付账款、存货、预付账款等流动资产进行融资。相关数据显示，2017 年全国供应链金融市场规模约 13 万亿元，预计到 2020 年将达到 15 万亿元左右。

同时，作为供应链末端的中小企业已成为我国实体经济发展的重要力量，巨大的市场潜力为商业银行支持实体经济发展、拓展新兴行业细分市场提供了条件，同时也为营销高附加值金融服务提供了可能。

近年来，国家先后出台了金融支持工业稳增长、推进企业信息化建设和金融支持服务贸易发展等若干政策，鼓励金融企业大力发展供应链融资业务。尤其是 2017 年 10 月，国务院办公厅正式发布《关于积极推进供应链创新与应用的指导意见》，为推动供给侧结构性改革，减少低效企业对资金的占用，国资委近年来加大了对央企"降杠杆""降两金"的考核，央企与银行合作开展供应链融资的需求日益增加。与此同时，中石化、联通、中车、宝钢和中建等企业纷纷开发 B2B 平台，对金融服务功能的需求也日益迫切。

互联网技术催生新型供应链金融发展，相关数据显示，到 2016 年末，中国企业互联网使用比例为 95.6%，开展在线采购的企业比例为 45.6%，开展在线销售的企业比例为 45.3%，60% 的企业部署了信息化管理系统。伴随着大数据、区块链和物联网等新兴技术的发展，多维度、立体化的供应链交易数据为供应链金融发展奠定了坚实的风控基础。

供应链金融市场主体呈现多元化。面对供应链金融蕴含的巨大市场潜力，近年来，除传统的商业银行外，产业龙头企业、电商平台、保理公司及互联网金融企业等也纷纷加快供应链金融战略布局，供应链金融市场呈现多元化、白热化竞争态势。传统银行发展供应链金融有着先天的优势：一是银行在长期经营中积累了很多战略性合作伙伴，客户基础雄厚；二是资金规模相对比较充裕，融资定价相对有优势；三是银行在风险把控方面专业性较强。产业龙头企业依托自身对整个供应链的控制力，充分发挥对交易对手、合作伙伴和上下游客户信用情况了解的行业信息优势，通过搭建集采平台，依托供应链金融，利用自身资源直接为上下游企业提供金融支持。互联网金融企业依托其平台物流、信息流和资金流的整合，逐步涉足供应链金融，形成"电商＋金融"模式。其优势在于拥有平台生态圈，基于该圈内信息的对称和增信，特别是大数据，融资具有一定优势。此外，在互联网金融严监管的背景下，诸多互联网金融企业开始探索供应链金融转型，据统计，2016 年 1 月至 10 月底，转型供应链金融的 P2P 平台约占整体运营网贷平台的 10%。

（一）供应链金融发展的主要阶段

从当前商业银行供应链发展情况来看，主要经历了以下三个阶段：

1.0 阶段：线下"1+N"。银行根据核心企业"1"的信用支撑，完成对上下游众多企业"N"的融资支持。在线下供应链金融发展过程中遇到两大问题，一是手续繁复，传统纸质资料审批，客户须来回奔波银行；二是贸易背景不易核实，操作风险高，在业务办理过程中极易出现因执行标准不一、管理不到位而导致的风险。

2.0 阶段：线上"1+N"。传统线下供应链金融线上化，让核心企业"1"的数据和银行完成对接，从而使银行能随时获取核心企业和产业链上下游企业的物流、仓储及付款等各种真实的经营信息。线上供应链金融能够高效率地完成多方在线协同，提高业务效率。

3.0 阶段：线上"N+N"。当前供应链融资的发展趋势颠覆了以供应链核心企业为纽带的"1+N"融资模式，通过搭建平台的方式，整合供应链环节的所有参与方，为其提供多维度的配套金融服务，对供应链各参与方的订单、运单、收单、融资和仓储物流等交易行为进行线上化处理。

（二）传统供应链金融的风险成因分析

自 2012 年以来，在经济下行、三期叠加的宏观背景下，国内中小企业资金链紧张，甚至断裂，失信行为大幅上升，区域性风险显现，一些大型企业甚至上市公司都出现了违约情况。面对复杂的外部经营环境，缺乏有效的风控手段会导致在业务高速发展中风险持续暴露，伪供应链频发，不良率较高，业务规模大幅下滑。

经初步统计，传统供应链融资的风险成因主要包括贸易背景造假、未实现资金闭环管理及个别核心企业增信不足等，其中，伪供应链风险的占比超过70%。从商业银行内部原因来看，主要表现为操作风险识别控制及防假、反假手段缺失，主要体现在以下几个方面：一是通过传统人工调查手段难以识别贸易背景造假，如企业伪造买方公章、贸易合同、增值税发票和仓单等；二是贷后管理不严，导致回款路径未能锁定，应收账款对应的货款资金被挪用；三是未与核心企业签订供应链融资三方协议，或在协议中未与核心企业约定增信条款等，加大了风控难度；四是个别核心企业履约信用较差、经营劣变未被有效监测。从国内保理业务司法判例来看，风险成因结构大致相同。

（三）供应链金融与业务发展的匹配分析

从国内供应链金融服务的现状与市场需求匹配程度来看，主要存在着"三个错配"。

一是供应链金融服务对象与核心企业需求错配。出于风险偏好的考虑，商业银行供应链金融服务围绕核心企业上游供应商展开，主要以应收账款保理业务为主，依托核心企业履约信用和付款能力，风险相对可控。对核心企业而言，往往更关心下游经销商的融资服务，一方面希望通过供应链融资能够扶持经销商发展，健全销售渠道；另一方面缩短下游账期，加速资金回流，提高企业流动性，优化财务报表。但下游经销商融资往往更依赖于经销商本身的还款能力，采购货物质押或核心企业承诺回购、调剂销售，对商业银行来说控货成本及信用风险都相对较高。

二是供应链金融目标市场与金融服务能力错配。从全产业链视角来看，产业终端市场孕育着庞大的中小微企业及个人客户资源。无论是商业银行还是核心企业，都希望供应链金融服务向产业链终端延伸，使金融服务覆盖全产业链客户。但在传统业务模式下，核心企业提供的数据和信息往往只能覆盖直接的上游和下游企业，这些企业大多是具有较强实力的大中型企业，其自身也具有相对较高的议价能力，通常不愿意办理供应链融资。而真正的多级供应商或经销商因为银行缺乏有效的信息获取渠道或风险控制手段，面临融资难、融资贵的问题。

三是商业银行与产业链核心企业优势资源错配。商业银行具备雄厚的资金实力和专业的风控体系，而核心企业则依靠在产业链中的枢纽地位，掌握了整条产业链的贸易、资金和物流信息，拥有庞大的上下游配套企业。随着金融脱媒的加速和核心企业供应链经营意识的提升，核心企业纷纷自建财务公司和保理公司涉足供应链金融服务。商业银行与产业龙头之间已经从简单的合作伙伴关系转变为合作竞争关系。核心企业往往更希望商业银行成为资金渠道，而商业银行关心的则是如何拓展客户以及避免被"管道化"，如何平衡双方的核心利益诉求、实现合作共赢成为新的难题。

（四）借助金融科技创新供应链金融服务

随着互联网、大数据和区块链等技术的深度应用，供应链金融市场主体积极借助金融科技加速供应链业务的转型升级。如某集团联合多家央企成立平台，首次提出"云信"概念，将优质企业的信用转化为可流转、可拆分、可融资的创新型金融服务体系。某银行创新"E 信通"产品，利用互联网技术在银行业首次实现优质核心企业授信的可拆分流转。某银行利用物联网技术对押品进行追踪，提高了供应链的可视化程度，着手破解了商品质押监管的难题。工商银行也加快了大数据、云计算、区块链以及物联网等新兴技术在此领域的研发与应用。

（五）供应链金融未来创新方向

1. 运营模式创新

供应链融资核心企业大多为产业巨头或者细分行业翘楚，对应的上下游企业大多遍布全国乃至全球各地。在传统商业银行分区域经营的体制下，分支机构间沟通协调困难，如客户所在地的银行无意愿办理业务，往往导致其他分行也难以办理。同时，供应链融资的重要风控手段来源于核心企业的增信措施，通常需要通过采取总对总签订供应链合作协议的方式明确权责，更强调自上而下的业务规划布局，而不能仅依靠分支机构由下而上自发去拓展客户。

因此，对于金融机构而言，供应链融资未来应采用总部直营的模式，即由总部负责牵头营销，统一制定业务方案，统一制定客户准入标准，统一签署合作协议，统一进行系统开发等。由总部协调客户信息共享、划分参贷比例、责任分担和收益分润等，对核心企业所在地机构无办理意愿的，由总部在全国范围内选择分支机构经办并匹配信贷资金，通过经营体制的改革创新解决业务跨区域办理难题。

2. 金融科技创新

一是基于大数据打造"N+N"网状供应链模式，即运用数据挖掘和分析技术，通过追溯贸易关系来耦合不同供应链上的节点，勾勒多条供应链之间的网状联系。网状供应链一方面能够通过多维供应链数据交叉验证单个节点客户的经营情况，描绘客户立体画像；另一方面，也可以通过链条的交叉延伸发现更多的节点，批量筛选优质客户，减少对核心企业增信的依赖。同时，对于货押模式的供应链融资业务，大数据的引入可以打造押品价格库，实现自动盯市和价格波动报警等功能。

二是基于区块链拓展多级供应链融资。区块链本质上是分布式账本数据库，具有交易不可篡改、便于追溯和便于穿透性监管的特性，使供应链从交易、支付结算到融资都能更有效率，更好地做到信任传递，进而解决多级供应商的融资难题。在供应链生态圈内，可以利用区块链技术打造一种基于核心企业信用的应收账款债权凭证，具备贸易背景不可修改、有条件支付、自由拆分等功能，能够实现跨链条支付，有效解决传统供应链难以拓展多级供应链融资的难题。

三是基于物联网技术开展货押模式下的大宗商品智能监测。金融机构可以引入应用物联网技术的第四方监测企业，通过电子标签技术，实现对大宗商品的远程定位和智能库管，通过视频及 RFID（Radio Frequency Identificarion）技术实现对押品的远程监控和移动报警，此外，还可以利用无人机实现远程巡仓。金融机构通过与监测企业之间的系统互联，可随时调阅押品的位置、状态（包括形状、质量、密度等）和视频信息，实现监测复核和一键解押，保证质物安全。

3. 智能产品创新

整合复杂的供应链上下游产品体系，按照客户对象，划分为上游供应商融资和下游经销商融资两类产品，运用大数据技术动态监测贸易流、资金流和物流信息，由系统为客户智能匹配融资产品及融资要素。如针对上游供应商，在核心企业订单信息下发后即可融资，此时尚处于生产备货阶段，风险较高，选择匹配额度较低、利率较高的信用方式融资；待完成发货后，货物处于在途状态，供应商信用风险转化为货物运输风险及核心企业履约付款风险，此时，在物流可控的条件下，即可自动转变为额度较高、利率较低的商品质押融资；当核心企业验货完毕并确认应收账款后，则满足应收账款保理条件，转为买断式保理融资，额度进一步提高，利率也可以进一步优惠。

第二章

供应链金融的基本模式

第一节　传统供应链金融模式

供应链金融的实质是帮助企业盘活流动资产，即应收账款、预付账款和存货。因此，供应链金融的三大主要业务模式为应收账款融资模式、保兑仓融资模式和融通仓融资模式，这三类业务模式也是供应链金融中具有代表性的融资模式，将其组合后可以形成涉及供应链上多个企业的组合融资方案，各商业银行的供应链金融业务产品便是基于这三种业务模式进一步延伸和发展的。

一、国外的传统供应链融资模式

（一）金融主导型

金融主导型，即金融机构通过掌控产业链上下游的资金流、物流和信息流等，来主导提供融资服务。金融主导型在供应链金融发展的早期就登上了历史舞台，至今仍在广泛的领域发挥作用。

金融主导型的典型案例：苏格兰皇家银行 MaxTrad 平台。MaxTrad 是供应链金融线上化的领先者，被用于实现对供应链的有效监管和控制，以及提供和国际贸易与供应链相关的金融解决方案。该平台为企业提供的服务包括自动处理贸易交易及管理应收账款与预付账款等。大型跨国企业能够通过 MaxTrad Enterprise 与供应商在全球范围内开展合作，而中小型企业同样能够通过 MaxTrad Express 获得开展全球贸易的支持。

德意志银行从作为买方的核心企业出发，为供应商提供灵活的金融服务，包括装船前后的融资、应付账款确认、分销商融资以及应收账款融资等。在不同的贸易场景中，基于买方良好的信用，德意志银行能够为指定的供应商提供融资机会；对于信用良好的分销商，该银行则帮助它们从制造商那里采购货品。此外，该银行还能为卖方提供应收账款融资服务，使后者获得额外的流动资金，缓冲未付款产生的风险。

（二）产融结合型

产融结合型，即产业资本渗入或掌控供应链金融，常见的类型有核心企业主导和物流企业主导两种。产融结合型伴随着精细化的生产与物流管理和规模化的企业集团运作发展起来。在这类供应链金融模式中，核心企业或大型物流企业借由在产业链中所处的优势地位，整体把控上下游的价格、订单和货物等关键信息，并结合自身或金融机构的资本优势开展供应链金融业务。

产融结合型的典型案例：通用电气公司的 GE Capital（GEC）。通用电气（GE）通过不断的整合将散布在各业务板块中的金融业务集中到一起形成了GEC。GEC 业务范围广泛，飞机融资租赁业务是 GEC 供应链金融崛起的关键因素。GEC 与航空公司签署融资租赁协议，由 GEC 直接向飞机制造商下订单、付款采购飞机。飞机交付航空公司后，航空公司按期支付本金以及相应利息给GEC。GEC 利用通用电气在飞机制造产业链的优势地位，在促进通用电气和飞机厂商销售的同时，也使租赁方能更早地获取飞机，减轻了资金压力。

联合包裹公司（United Parcel Serrice，简称 UPS）于 1993 年推出以全球物流为名的供应链管理服务，并于 1998 年通过收购银行成立 UPS Capital，又于 2002 年成立 UPS 供应链解决方案公司。UPS 为大型进货商和众多供应商提供物流服务，而 UPSC 以此切入物流与商贸链条，为供应商提供存货质押和应收账款质押等供应链金融服务，并在之后逐步将业务拓展至信用保险、中小企业贷款和货物保险等其他相关金融服务。

（三）信息协同型

随着信息技术在金融、产业和物流等领域愈发深入的应用，供应链金融的第三种模式，即信息协同型开始浮出水面。在这种模式中，第三方平台凭借领先的信息技术和供应链解决方案，成为联系各方的重要服务纽带。

信息协同型的典型案例：PrimeRevenue（PR）。Prime Revenue（PR）是一家美国供应链项目服务商，其云平台为供应链中的买方和供应商提供有针对性的、定制化的金融服务。PR 和企业应用软件解决方案供应商 SAP Ariba 创建了一个闭环系统，通过结合各方关系、转账以及财务数据，链接采购与融资，为买方与供应商提供现金流的优化方案，促进交易双方的合作关系。核心企业与供应商可以在这个平台上兑换发票与账款，供应商拥有的自助工具可将获得核准后的应收账款兑换成现金流。

DEMICA 是一家荷兰供应链金融服务商。它帮助客户延长应付款的天数或获得提前付款的优惠，并帮助供应商寻找更低成本的资金。DEMICA 专业服务于非投资级项目以及跨国运营企业。通过独特、灵活的技术平台和创新性架构，DEMICA 为每一位客户提供量身定制的供应链金融解决方案。DEMICA 为国际保理商联合会（FCI）开发了一款以买方为中心的确认应付账款融资平台 FCI Reverse，基于反向保理业务，围绕核心企业开展供应链金融服务。

（四）三种模式的比较

如果从产业和科技的发展历史来看，金融主导型、产融结合型和信息协同型可以被视为金融资本、产业资本和科技资本先后推动供应链金融发展的阶段性典型。时至今日，这三种模式已经在一定程度上出现交融之势，但仍存在以下三个方面的侧重点差异：

从服务对象的侧重点来看，对于金融主导型，国际上领先的银行往往将发展方向瞄向全球性的跨境贸易，因此，相关服务主要围绕大型核心企业展开。银行借助其在资本体量、融资成本、网点布局和资金管控等方面的优势，能够为核心企业上下游提供多元化的融资服务，但银行在监管、风控和技术方面可能受到制约，导致其无法面向更为广大的中小型企业提供服务。对于产融结合型，在产业链中居于优势地位的企业，通过长期经营积累了巨大的经济资源，产业资本通过收购金融牌照或组建信贷部门实现产融结合，最终实现维护上下游合作伙伴关系、扩大采购或销售规模等目的。这类模式服务的对象也往往围绕特定的产业链或是核心企业选择，可能会提供比银行更加灵活、有效的融资方案，但是其服务的对象仍局限在特定领域。对于信息协同型，通常由具备技术优势的服务商整合产业链条上的信息流，建立可以快速向供应链金融参与方响应的交易系统或信息平台。通过打破信息壁垒，信息平台可以对交易信息进行准确、真实的反馈，并可以协助实现动产抵质押和追踪质权所有权的流动，从而进一步降低参与方的风险。标准化的信息平台通过与定制化的具体场景或行业结合，有可能服务更多的中小企业，推动供应链金融进一步实现降低资金成本、提高资金周转效率和促进经济发展的终极目标。

从服务内容的侧重点来看，对于金融主导型，服务内容通常侧重于金融服务，包括应收账款质押融资、反向保理、流动资金贷款、开立信用证和支付结算等。由于金融机构主要通过利差获取收益，倾向于从自身业务优势出发，因此，限制了其向供应链中的各类企业提供其他服务的意愿。对于产融结合型，服务内容比金融服务相对多元化，除了通常的金融服务以外，由于核心企业的介入，供应链上的其他企业可以获得采购、销售、运输和仓储等非金融方面的服务。特别是由于核心企业可能出于上下游伙伴关系的考虑，在其获得产业和金融双重收益的同时，可能会适当控制其金融服务的成本要求，从而实现多赢的局面。对于信息协同型，服务内容可能更加侧重于依托信息平台来获取有价值的信息。信息协同型中的第三方服务商往往更能够从中小企业的融资需求出发设计出更加实用的解决方案，并且能够作为桥梁将金融与产业有效地连接起来。信息协同型模式通过促进真实准确的信息流动，使中小企业获得低成本资金，进而改善运营资本，并提供票据流转、供应链管理的一站式云平台等其他服务。

从风控方式的侧重点来看，对于金融主导型，风控方式往往建立在可靠的抓手之上。由于获取交易信息的限制，金融机构习惯于从信用较高的买方企业出发来开展供应链金融业务，并采用应收账款质押、仓单质押、对授信企业实施准入等措施来控制风险。对于产融结合型，风控方式相对多样一些。由于这类模式中企业集团对产业链的信息流和物流都可能具备掌控或影响能力，因此，除金融机构常用的风控方式外，其还可以采取诸如存货抵押、物流监控和融资租赁等措施，还可依据其掌握的合作伙伴的信用水平适当简化风控方式。对于信息协同型，风控方式要消除信息不对称，建立在与参与方的协作之上。在这一模式中，参与方不论是银行还是核心企业，都可能具备某一方面的风控优势，通过打通信息流，可以综合施策来控制风险。

二、国内的传统供应链融资模式

（一）应收账款融资模式

应收账款融资模式是指以买卖双方真实的贸易背景为基础，供应链上游企业将货物赊销给核心企业，以由此产生的应收账款为质押依据向商业银行申请融资，同时，核心企业对商业银行做出付款承诺且为上游企业提供担保。在应收账款融资过程中，上游企业既是应收账款的债权人，也是资金需求方；核心企业既是应收账款的债务人，也是融资保证人，核心企业的实力和担保能帮助上游企业顺利获得资金支持。对核心企业而言，上游企业的正常运转能保证原材料来源的稳定；对商业银行而言，一旦出现上游客户无法偿还贷款的情况，商业银行还可向核心企业追偿，有效防控授信风险。应收账款融资模式可以让上游企业及时获得资金支持，加速资金周转，更快投入下一轮的生产，增强整条供应链的运转效率，同时改变商业银行对中小企业传统授信模式的局限性，将上游企业的销售收入作为第一还款来源，将核心企业支付的应收账款作为第二还款来源，授信政策更为灵活。应收账款融资模式如图 2-1 所示。

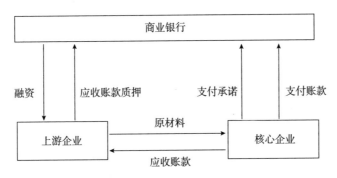

图 2-1　应收账款融资模式

（二）保兑仓融资模式

保兑仓融资模式是基于预付账款的融资模式，主要包含两种业务模式：一是商业银行向下游购货商提供贷款，预付货款给核心企业，核心企业发货至商业银行指定的仓储监管企业，由下游购货商向仓储监管企业逐步提货，如图 2-2 所示；二是核心企业不再发货给商业银行指定的仓储监管企业，而是本身承担了监管职能，依据商业银行指令逐步发货给下游购货商。在保兑仓融资模式中，商业银行拥有对货物的实际控制权，下游购货商向商业银行分次缴纳提货保证金后向仓储监管企业分批提货，可防止下游购货商堆积货物，避免影响商品价值。核心企业为下游购货商提供担保，一旦发生下游购货商因产品滞销而未按期提货的情况，核心企业承诺将未提取的货物进行回购并将回购资金支付给商业银行，商业银行可及时有效化解授信风险。

（三）融通仓融资模式

融通仓融资模式是基于存货的融资模式，结合核心企业担保和第三方物流公司监管，商业银行为供应链上的中小企业提供贷款支持。融通仓融资可分为现货融资和仓单融资两大类。现货融资是指企业以自有动产为抵质押，商业银行委托第三方物流公司对企业提供的动产实行监管，并向企业提供贷款支持的融资模式，现货融资模式有利于盘活企业存货，扩大企业生产经营规模。仓单融资分为普通仓单融资和标准仓单融资，普通仓单融资是指企业以仓库或第三方物流公司提供的非期货交割用仓单作为质押物，并对仓单作出融资出账，从而获得商业银行融资的融资方式；标准仓单融资是指客户以自有或第三人合法拥有的标准仓单为质押物，向商业银行申请融资的授信业务。与现货融资相比，仓单融资质押手续更为简便，成本更低，由于仓单的流动性更强，更便于商业银行对质押物进行处置。在融通仓融资模式中，商业银行更为关注的问题是存货贬值的风险，因此商业银行在接收到中小企业的融资申请时，会着重考察企业库存的稳定性、长期合作的交易对象以及整体供应链的运转情况，以此作为授信判断的依据。融通仓融资模式如图 2-3 所示。

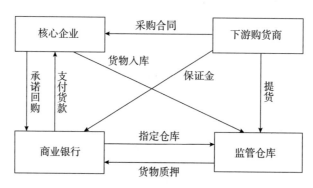

图 2-2　保兑仓融资模式

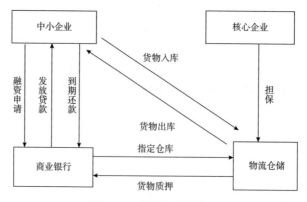

图 2-3　融通仓融资模式

第二节　电商供应链金融模式

随着互联网技术的快速发展，催生了一批依托电子商务平台进行运作的模式，电商平台上的中小企业普遍面临融资难的问题，而供应链融资作为一种面向中小企业的有效融资方案，可以从供应链全局来协调和分配资金流，为这些中小企业提供相关的融资服务。在供应链融资被银行和供应链核心企业广泛应用的背景下，电商企业不再满足于以信息服务为主的原始盈利模式，而是利用供应链融资服务，面向平台上数量庞大的中小企业甚至个人客户群，开拓电商平台企业新的业务增长点。在实践中，我国的阿里巴巴、敦煌网、苏宁云商、京东及金银岛等大型电子商务企业在开展传统平台服务业务的同时，积极开展电商双边市场供应链融资服务，并根据自身特点开拓了不同类型的供应链融资运作模式。下面从不同视角对这些模式进行分类分析。

一、按电商服务企业的业务模式分类

目前，关于供应链融资的认知主要有三个视角，分别是基于供应链核心企业视角的供应链融资、基于电子商务平台服务商视角的供应链融资以及基于商业银行视角的供应链融资。本书讨论的是电子商务双边市场环境下的供应链融资业务，即通过电子商务平台服务商将中小企业与自身平台和金融机构的信息有效对接，为双边市场中有资金需求的中小企业提供多种形式的融资服务。

电子商务企业有两类，一类是电子商务服务企业，另一类是电子商务应用企业。本书研究的电商双边市场环境，主要指的是对网络依存性很高的电子商务服务企业。电商双边市场的供应链融资可以理解为是由电子商务服务企业主导的在线供应链融资服务。根据电商服务企业是否参与供应链日常活动的情况，可以将电商双边市场供应链融资业务分为平台型电商双边市场供应链融资和自营型电商双边市场供应链融资两种模式。

（一）平台型电商双边市场供应链融资模式

平台型电商只是提供平台服务，自身并不参与供应链商流的运作。平台型电商双边市场供应链融资服务由第三方电商服务平台企业来组织开展，融资服务的对象是双边市场平台上的中小企业或个人客户。目前，这种平台型电商双边市场供应链融资模式的运作企业代表主要有阿里巴巴、敦煌网和金银岛等大型电商服务网站。而按照融资资金来源的不同，又可以将其进一步划分为基于自有资金的在线供应链融资服务和基于外来资金的在线供应链融资服务。

（1）基于自有资金的平台型电商双边市场供应链融资模式。这种模式以蚂蚁金服（或阿里小贷）为典型代表。阿里巴巴小额贷款主要面向 B2C、C2C 平台的"淘宝（或天猫）小额贷款"，还有一些专项贷款产品，如天猫供应链贷款。这种模式不需要银行参与，卖家直接凭借"买家已付款"的凭证获取授信额度拿到贷款，并还本付息。据数据显示，早在 2014 年上半年，阿里小贷累计发放贷款额突破 2000 亿元，服务的小微企业和个人客户数量达 80 万。截至目前，蚂蚁金服的用户量已超过 6 亿，其主要的品牌包括支付宝、余额宝、蚂蚁聚宝、芝麻信用、蚂蚁微贷和招财宝等。

（2）基于外来资金的平台型电商双边市场供应链融资模式。这种模式以敦煌网、金银岛等大型 B2B 网站提供的供应链融资服务为典型代表。它主要由第三方电商服务平台企业和商业银行合作开展，电商企业提供平台上各个中小企业的相关信息，而银行则负责提供融资服务。2016 年，敦煌网与平安银行携手推出"回款宝"，双方在"互联网＋供应链金融"领域展开合作，在合作首期，平安银行就向敦煌网提供了 1 亿元的综合授信额度。"回款宝"加速了卖家的资金周转，使卖家账期从 40 天缩短至 2 天，卖家发货后即可拿到货款。平安银行与电商平台这样的合作也是国内首次，开创了银企合作开展供应链融资的先河。

（二）自营型电商双边市场供应链融资模式

自营型电商在供应链业务中直接参与商流的运作。自营型电商双边市场供应链融资模式由直接参与供应链业务活动的自营型电商企业组织实施，面向自营渠道上下游的中小企业和个人客户开展供应链融资服务。目前，这类自营型电商双边市场供应链融资业务模式的运作企业代表包括京东、苏宁云商等。同样，按照融资资金来源的不同，也可以将其进一步划分为基于自有资金的在线供应链融资服务和基于外来资金的在线供应链融资服务。

（1）基于自有资金的自营型电商双边市场供应链融资模式。这种模式以京东商城的"京保贝"为代表，"京保贝"是京东用自有资金向京东供应商提供贷款的互联网金融产品。需要融资的企业可直接凭借采购和销售等财务数据获得融资，并且放款周期最短仅需 3 分钟。"京保贝"于 2013 年正式上线，服务范围已覆盖京东商城的所有供应商。

（2）基于外来资金的自营型电商双边市场供应链融资模式。这种双边市场供应链融资模式由自营型电商企业与商业银行合作开展，其中电商企业一方面要为商业银行提供中小企业的相关信息，另一方面还要承担核心企业的角色；而商业银行负责提供融资服务，融资服务的对象局限于自营型电商自营渠道上下游的中小企业。这类模式的典型代表是苏宁的"银行保理"。苏宁与银行合作的"银行保理"电商融资业务已覆盖中国银行、交通银行、光大银行、花旗银行、渣打银行、平安银行和汇丰银行等国内外多家知名银行，是国内开展电商金融业务覆盖银行数量最多的电商平台。

按电商服务企业业务模式分类的电商双边市场供应链融资模式及其特征，可以用表 2-1 来表示。

表 2-1　基于电商服务企业业务模式的双边市场供应链融资模式

类型		代表性联盟组合	目标客户	参与主体	融资额度	授信条件	服务效率	融资费用
平台型电商供应链融资模式	自有资金	阿里巴巴+蚂蚁金服	平台小微企业或个人客户	金融机构电商企业	单次融资额度小	动产和流动资金质押网络交易记录	放贷速度快	高
	外来资金	敦煌网+平安银行金银岛+建设银行	平台小微企业或个人客户	金融机构电商企业物流企业核心企业	单次融资额度较小	动产和流动资金质押网络交易记录平台担保	放贷速度一般	较高
自营型电商供应链融资模式	自有资金	京东+京保贝	供应链上下游中小企业	金融机构电商企业	单次融资额度较大	动产和流动资金质押网络交易记录	放贷速度快	一般
	外来资金	苏宁+建设银行	供应链上下游中小企业	金融机构电商企业物流企业	单次融资额度较大	动产和流动资金质押网络交易记录	放贷速度一般	一般

二、按电商双边市场的交易对象分类

根据电商双边市场的交易对象分类，可以分为基于 B2B 的双边市场供应链融资模式、基于 B2C 的双边市场供应链融资模式和基于 C2C 的双边市场供应链融资模式。

（一）基于 B2B 的双边市场供应链融资模式

基于 B2B 的电商双边市场供应链融资模式主要包括两类融资模式，分别是电子仓单质押融资模式（即网络仓单融资模式）和电子订单融资模式（即网络订单融资模式）。电子仓单质押模式实质上是对传统供应链融资中的动产质押模式的再创新，是指电商双边市场上的借款企业以企业自有的存货为抵押物向银行提出贷款申请，但是被抵押的存货需要由银行认可的仓储公司监管，并由该专业的仓储公司通过将存货转换为电子仓单的形式实现质押。该模式的关键流程是仓储公司对借款公司的抵押存货进行评估与审核，并将结果在线反馈给银行。电子仓单质押模式可以有效解决部分中小企业由于存货积压而导致资金短缺的问题，从而实现中小企业的资金周转。

电子订单融资模式本质上是一种赊销，是电商双边市场上的借款企业以其与核心企业的电子交易订单为抵押向银行提出贷款申请，从银行获得的贷款将用于购买其所需的货物，收到的货款收入则用于偿还银行的贷款。该类融资模式的核心是需要借款企业有较好的商业信用。电子订单融资模式可以有效解决信用较好的、订单充裕的中小企业因临时资金不足造成的企业周转不灵活问题，可以缓解中小企业面临的暂时性资金短缺困境。

（二）基于 B2C 的双边市场供应链融资模式

基于 B2C 的双边市场供应链融资模式主要包括电子订单融资模式、电子仓单质押模式以及 B2C 电商企业担保的融资模式。

电子订单融资模式是指借款企业依据在 B2C 交易平台上与核心企业的交易订单向商业银行申请贷款，核心企业为了控制风险将会对其供应商设定一定的标准，当供应商在 B2C 平台上产生交易订单后，就可以通过这些交易订单在线申请贷款，提交贷款申请后，需要核心企业与商业银行共同审核，确认可以发放贷款后，供应商才可以获得无抵押的贷款。目前，金银岛电子商务平台与中国建设银行合作推出了这一融资服务。这一模式可以有效解决资金周转不灵活的问题，提高企业的运作效率。

电子仓单质押模式是指上游的企业将自有的存货交由商业银行指定的第三方物流企业监管，此外，核心企业还需要对贷款企业的线上交易情况进行了解和掌握，由此，贷款企业可以获得有效的电子仓单进行贷款申请。京东商城推出了这一融资模式。电子仓单质押模式可以充分利用企业的存货资源，解决企业因存货而占据大量资金的问题。

B2C 电商企业担保的融资模式是让 B2C 双边市场上信誉良好的电商企业向商业银行提出融资申请，这一融资模式与代理融资是相似的。例如，国内的苏宁易购、国美在线等这些大型的电子商务企业可以作为担保，这样可以有效降低银行的贷款风险。

（三）基于 C2C 的双边市场供应链融资模式

基于 C2C 的双边市场供应链融资模式是对传统的线下零售业务的一种创新，是将传统的产业链转移到线上，其主要包括买方订单融资模式和卖方订单融资模式两大类。

卖方订单融资模式是卖家对 C2C 双边市场上的电商企业申请贷款，以卖家与买家在双边市场交易平台上产生的交易订单中的应收账款为抵押，电商企业需要对卖方提供的电子交易订单进行审核与评估，符合既定要求的卖方可以获得贷款，当买方确认收货时，电商企业可以直接将货款扣除完成还款过程。

买方订单融资模式就是一种贷款消费的模式，买方采用赊销的方式与卖家在 C2C 双边市场的交易平台上进行交易，C2C 电商企业要对电子交易订单进行确认，电商企业将代替买方的付款行为，卖方收到货款后将货物发出，买方需要在贷款期限截止前向 C2C 电商企业还款付息。

三、按供应链融资业务的信用质押物分类

按照供应链融资业务开展过程中的信用质押物的不同，电商双边市场供应链融资业务模式可以分为电子订单融资模式、电子仓单融资模式和网络信用融资模式。这三种模式均由传统的供应链融资模式演进而来，电子订单融资模式与应收账款融资模式均围绕交易的债权展开，从传统模式中的线下实物交易形成的债权授信演化为线上网络交易形成的电子订单债权授信；电子仓单融资模式与存货质押融资模式均是以存货为质押担保物的融资担保模式，从传统模式

中的实物存货质押融资演化为网络交易中的电子仓单质押融资；网络信用融资模式与预付账款融资模式均体现为融资方依靠供应链关系实现信用增值，授信依据从传统模式下以依靠与核心企业的业务往来为依据演化为以电商双边市场中交易记录产生的网络信用为依据。需要说明的是，虽然电子订单融资与电子仓单融资依托于不同的授信标的物，但在融资授信过程中均与网络信用评价紧密结合，因此，在电子订单融资和电子仓单融资两种模式中也都包含了网络信用融资模式的相关程序。

（一）电子订单融资模式

电子订单融资模式是 B2B 电子商务平台上有融资需求的企业将与交易方签订的服务合同或者交易协议（借款人需为卖方）提交给商业银行，商业银行核实贷款企业提供的电子订单是否真实和合法，评估其在 B2B 电子商务平台上的信用状况是否符合无抵押贷款的条件，然后决定是否贷款给提交贷款申请的企业。

1. 电子订单融资业务流程

在电商双边市场背景下，电子订单融资的授信依据是网络电子订单以及企业以往在电子商务平台上的信用记录。业务开展过程中电子商务平台、金融机构、支付平台和物流企业均参与其中，各司其职，实现信息流、资金流和物流的有效集成。主要业务流程涉及在线授信申请、电子订单生成、在线授信、发放贷款和款项回收等步骤，如图 2-4 所示。

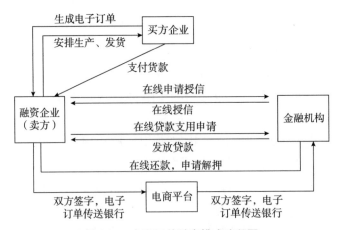

图 2-4　电子订单融资模式流程图

2. 电子订单融资模式的特点

（1）闭环性。融资企业向银行提出申请并通过审核后，银行向企业发放贷款，但是贷款的资金用途使订单融资具备封闭性的特点，因为订单融资从融资企业接受贷款一直到偿还本息，都是在专有账户中实现。融资企业利用专有账户中的资金购买原材料进行生产，按期交货，而银行等金融机构通过核心企业在专有账户中支付的货款收回本息，注销贷款合同。

（2）订单的担保方式。传统融资多是企业将属于企业的固定资产和无形资产作为抵押物，向银行申请贷款，银行根据抵押财产的价值在限额内向企业发放贷款。订单融资创新了贷款的模式，有资金需求的中小企业可以依据交易结果即"订单"，方便快捷地向银行申请贷款，缓解资金压力。

（3）授信模式。在传统融资情况下，银行等金融机构是否向融资企业发放贷款，取决于融资企业自身的经营状况、未来的发展情况以及资产实力，但电子订单融资授信主要取决于融资方在电子商务网络平台上的交易信息，如果金融机构认可其网络交易订单，即可取得贷款。

（二）电子仓单融资模式

近年来，网络发展愈加成熟，信息充斥着我们的生活，现在是一个信息化、网络化的时代。在信息化的推动下，动产质押供应链融资业务的效率也逐渐提高，并且发展成为现在的电子仓单质押融资。电子仓单融资模式是融资企业将其在电商平台上生成的电子仓单提供给商业银行作为质押，商业银行按照质押物价值的一定比例，向融资企业发放贷款的一种融资模式。电子仓单融资有助于解决借款人临时性资金周转问题。电子仓单质押融资是当电商平台上的贷款企业需要向银行申请贷款时，将仓储货单作为质押物取得银行贷款的方式，其中，仓储货单必须由银行信任的第三方物流企业开具，此模式不仅仅只是传统模式的电子信息化，它针对第三方B2B电子商务平台上的会员企业，利用数据挖掘和数据分析等数据处理技术，将平台上会员企业的交易记录进行整理，将交易数据转换为电子信用，形成电子信用评级。银行通过与第三方B2B电子商务平台合作，共享电商平台上的数据，银行可以将电子信用作为评价企业信用等级的辅助信息，从而减少银行给企业贷款的风险。

1. 电子仓单融资业务流程

电子仓单融资以电子商务交易信息和存货质押信息为基础，向融资企业进行授信，主要流程如下（见图2-5）：①中小企业向金融机构在线提交授信申请。②金融机构在线受理申请，并启动质押程序。③中小企业向金融机构指定的物流企业在线申请货物入库质押。④在线生成电子仓单，中小企业提出质押申请。⑤物流企业在线审核，将信息传递给金融机构。⑥中小企业向金融机构提出在线贷款申请。⑦金融机构基于质押信息及企业信用记录，按照一定利率予以授信，发放贷款。⑧中小企业在线还款，申请解押。⑨金融机构将解押信息在线传递给物流企业。⑩中小企业根据电子提货单提货。

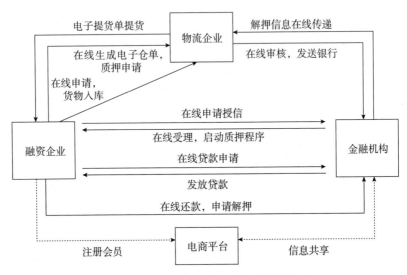

图 2-5 电商平台下的电子仓单融资模式

2. 电子仓单融资模式的特点

基于电子商务的仓单融资是在电子商务平台上，融资企业以商业银行认可的专业仓储机构出具的电子仓单为质押，向银行申请贷款的融资业务；也可以认为是在电子商务平台上以实际的电子订单向所在平台直接质押融资，这一过程直接跳过商业银行，免去了有关金融机构的一系列手续问题。本书中主要研究的就是基于平台型商务平台的电子仓单融资模式，这一模式可以更好地为中小企业的融资提供一个更便利、更快捷的融资平台。电子商务平台下的电子仓单融资模式，是在传统仓单模式的优势明显不足的情况下，结合电子商务的优势，本着为中小企业提供更为便捷服务的理念，逐步发展形成的更切实际的平台。

Part 2

第二部分

基于供应链核心企业的供应链金融

第三章

大型集团公司的供应链金融业务

现阶段，国际经济形势较为严峻，供应链金融发展日益受到重视，公司面临的竞争已经不单单局限于个体经济实力方面，已经上升为大集团公司及其上下游企业构成的供应链整体的竞争。目前，集团公司上下游企业面临的状况是：大部分企业由于自身条件的限制，导致信用评级低，难以从外部融资；银行一方面不了解实情，另一方面出于办理手续成本较高的原因不愿意承担巨大的信贷风险向中小企业放贷，从而使上下游企业很难从银行借到经营所需的资金；金融服务相关体系并不完善，针对上下游企业开展融资业务的金融机构相对较少，使目前中小企业的融资大大受限，只能重点依赖集团公司的信用捆绑进行消极融资。

集团公司面临着数以万计的订单压力，集团公司的高效运营离不开上下游配套企业的业务支持。如果上下游企业不能解决融资问题，跟不上集团公司的脚步，就会严重影响到集团公司的正常运作。因此，为了应对日益激烈的供应链竞争局面，集团要与上下游企业协同发展。通过集团公司 SCF（Switching Controller Foundation）体系的有效运作，集团公司可以在协助上游供应商发展的同时，助推下游经销商经营，推进上下游企业共同发展，形成一个良性循环的供应链体系，从而带动集团迅速发展，在激烈的经济竞争中站稳脚跟。因而，在供应链金融日益发展的今天，如何有效整合集团资金，提高集团资金利用效率，使其上下游企业同时获得融资便利，是集团公司亟待解决的问题。

本书从集团公司的视角出发，以三种典型的供应链金融运营模式，即应收账款融资模式、存货质押融资模式以及预付账款融资模式为出发点，首先设计出集团公司视角的三种运营模式并画出流程图，接着以此三种运营模式为基础来研究集团公司是如何通过这三种供应链金融运营模式来服务其上下游企业的，最后本书以 XY 集团供应链金融业务的实践为研究案例，通过剖析 XY 集团 SCF 业务运营的具体情况，总结出集团公司 SCF 运营服务发展的一些建议，以此帮助其他集团公司通过借鉴 XY 集团的经验，发展创新、不断完善供应链金融业务的运营模式与服务体系。

第一节　集团公司的供应链金融业务的发展现状

集团公司不断探索供应链金融的创新方式，力求找到一条能够有效利用资金，降低财务成本的发展道路。为此，有些集团公司与银行进行合作，将集团各子公司的票据集中起来建立票据池，交由银行负责托管，通过一系列的授信管理过程，与银行共同完成集团票据融通。还有一些集团公司在尝试脱离对银行的依赖，建立一套自我的供应链金融体系。有些集团公司搭建资产池，将集团的资金进行统一调配。集团公司的 SCF 运营多由财务公司来主导，各集团的财务公司根据集团自身的行业状况、经济实力等因素，探索出了各种个性化的供应链金融创新发展平台。

一、集团公司的供应链金融的实施情况

调查显示，五百强企业中有百分之六十以上的集团成立了财务公司。目前，我国参与产业链金融试点的几家典型集团公司有宝钢集团、格力集团、TCL 集团、海尔集团、申能集团和航天科技集团等，表 3-1 是对这几家集团财务公司推出的供应链金融平台的具体分析比较：

表 3-1　集团公司供应链金融的实施现状

集团公司	供应链金融平台	借力	金融服务
宝钢	"宝融通"平台	集团互联网平台	票据贴现、应收账款融资、供应链贷款（存货、仓单质押）
		金融科技	2016 年推出"小财迷"移动金融服务品牌
格力	格力财务公司	集团信息系统	金融支持

集团公司	供应链金融平台	借力	金融服务
TCL	TCL财务公司	银行	票据贴现
		核心成员	随借随还业务
		金融科技	商务通产品
海尔	"海融易"互联网金融平台	集团互联网平台	票据融资、信贷服务
		银行	财票、电票
申能	"申e通"移动金融平台	金融科技	
航天科技	航天科技财务公司	银行	保理贴现、票据融资
		核心成员	买方信贷业务（需由核心企业担保）
		金融科技	融资租赁业务（需由核心企业担保）

由表3-1可见，目前，集团公司通过财务公司搭建特色供应链金融平台，借力集团的信息系统即大数据条件，或是利用集团的互联网平台，或是通过电子商业汇票系统与银行信用背书，依托金融科技的不断创新，为上下游供应商与客户提供各式供应链金融服务产品。

二、集团财务公司的发展情况

20世纪80年代的国企改革促使大企业大集团战略催生，1987年第一家财务公司东风汽车工业集团财务公司的成立，是我国产融结合的开端。随着监管政策制度和管理方法的不断完善，财务公司的规模也在不断地壮大，1987年仅有几家财务公司，到2016年5月，财务公司的数量发展到了227家，涉及石油化工、军工和电力等20多个行业。财务公司的业务不断发展创新，1998年首次承销集团债券，1999年首发欧元信用证，2007年第一次公开发行金融债和办理即期结售汇，2009年开出中国金融史上第一张电子商业汇票，2010年首发财务公司银行联名信用卡，2011年第一次发行美元债和办理远期结售汇。财务公司的管理水平不断提升，早在1994年，各财务公司就开始依据公司法，逐步建立现代企业制度。近几年，通过引进战略投资者、设立独立董事和确立组织架构等方式，财务公司的治理结构更科学高效。财务公司植根集团需求，认真贯彻落实国家关于金融服务实体经济的要求，支持国家重点项目建设和新兴产业发展，企业集团在"走出去"和"三农"发展等方面效果显著。

财务公司行业的整体发展呈上升趋势，如表 3-2 所示：截至 2015 年，我国财务公司的资产、负债、所有者权益、利润以及净利润都呈增长趋势。

表 3-2　财务公司运营情况

单位	资产	负债	所有者权益	利润	净利润
总额(万亿元)	6.67	3.50	5709	769.08	594.15
同比增长(%)	28.48	28.86	26.04	10.43	10.82

三、集团公司供应链金融业务存在的问题

集团公司对配套中小企业的控制力度难以掌握。各子公司的发展情况不同，致使集团公司很难做出合理的策略去管理控制众多的子公司，如果管理过于集中，就会出现子公司不愿意服从集团指挥的情况，集团财务公司要想将各子公司的资金进行统一调配就需要协调很多问题；如果权力过于分散，集团公司就不能有效管理子公司，也很难进行 SCF 内部风险控制。我国集团公司 SCF 的发展还处于起步阶段，各集团的公司情况不同，都还在对供应链进行各种各样的尝试，前人的经验几乎没有，使集团 SCF 的发展道路较为艰难。集团供应链金融风险难以控制，集团上下游企业众多，掌握所有企业的经营状况较为困难，很多风险都无法预估，这就给集团造成了很大的压力。

第二节　集团公司视角的供应链金融业务的运营模式设计

一、集团公司中财务公司的定位

财务公司作为集团内部的子公司，经营着部分类似于商业银行的业务，如抵押贷款业务、不动产抵押业务、外汇业务和投资咨询业务等，它是集团下设

的非银行金融机构。财务公司以提高集团资金的利用率为目的，为集团公司的成员公司提供金融服务；为集团拓展投融资业务，将闲置的资金投入到高效的产业或者其他能够带来更大收益的地方，从而最大限度地增强资金的运作成效。

财务公司作为集团的资金集中运作主体，其核心功能是对资金进行集中管理，对内提高资源利用率，对外与金融机构合作，创新供应链服务模式，盘活资金链条。集团公司的众多子公司情况各不相同，资金不足的子公司需要向外部金融机构寻求贷款支持，而资金充足的子公司将富余的钱存起来却只能赚取极少的利息，这种情况对集团公司这一整体而言，融资成本远高于存款收益，资金分配不合理。财务公司也可以作为子公司之间的金融媒介，将集团的这些子公司进行资金统一清算，建立资金池，集中各子公司的分散资金，再充分利用其进行资金余缺的分配。

二、供应链金融业务的运营模式设计

一般企业的流动资金主要分为应收账款、存货和预付账款三种形式。本书中的供应链金融业务融资模式主要围绕这三种形式展开，即财务公司为集团公司上下游企业提供的供应链金融融资模式是基于这三种典型的供应链金融模式设计的。

（一）应收账款融资模式设计

集团公司与其上游供应商签订买卖合同，上游企业为其发货，之后集团公司确认收货并发出应收账款票据；上游企业可以凭借应收账款单据向财务公司申请贷款，财务公司审核单据，并结合企业的产品状况等因素协调利息（见图3-1）。这种方式能让上游企业以较低的融资成本获得资金，解决融资难题，使其与集团公司关系更密切。对于集团公司而言，通过财务公司这一平台，将资金进行合理调度，能够节省财务成本，稳住上游供销商。

在应收账款服务模式中，集团公司对上游供应商开出应收账款票据，上游供应商如果在票据未到期之前出现资金紧张问题，就可以通过这一方式向财务公司申请融资，财务公司为集团公司提前兑现应收账款票据，只不过要收取一部分利息。由于财务公司处于集团公司的内部，知悉上游企业与集团公司之间的贸易来往，因此，可以比银行要低的利息，更方便地审核程序，为上游企业提供融资。

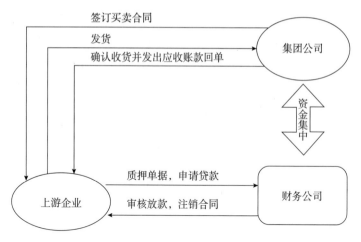

图 3-1 应收账款融资模式

（二）存货质押融资模式设计

存货质押融资模式没有上下游企业的限制，是根据集团配套企业的需求来设定的，具体操作流程如下：首先企业将所需质押的存货放在融通仓处，由第三方物流平台进行管理、验收评估等操作；企业凭借第三方物流平台开出的评估证明文件以及存货单向财务公司申请融资；在借款期间，财务公司以及第三方物流平台对货款进行不定期检查、监管；当企业按期还款时，财务公司归还存货存单，企业凭此取回质押的存货（见图 3-2）。这种融资模式能够有效地解决企业需出全额购买货物的难题，能够减轻企业的购买压力。

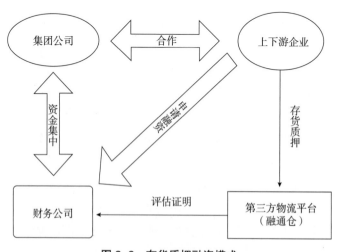

图 3-2 存货质押融资模式

在存货质押服务模式中，第三方物流平台来验收评估质押物，并向财务公司出具证明文件。财务公司在证明文件的基础上向融资企业提供融资服务。由于集团公司与融资企业之间的贸易往来关系，财务公司本身也对融资企业有一定的了解，因此，融资企业向财务公司提出融资审核的阻力较小。

（三）预付账款融资模式设计

这一模式主要针对集团公司的下游经销商设定，下游企业为了获取相应的生产经营材料，向集团公司支付预付货款，企业可以通过分批提货的方式进行融资（见图 3-3）。具体流程如下：首先集团公司、下游经销商、财务公司和第三方物流平台签订对整个融资流程的协议；其次下游企业向财务公司缴纳一定数额的保证金，财务公司则根据其上缴的保证金来签发提货单，下游企业凭单据从第三方物流平台提货；最后财务公司为企业开具承兑汇票，下游企业销售完货物后继续按相同的流程从第三方物流平台提货，直到保证金总额达到汇票金额为止，集团公司在票据到期时兑现汇票。

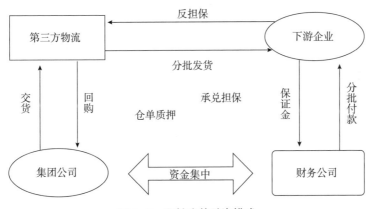

图 3-3　预付账款融资模式

在预付账款服务模式中，处于集团公司下游的企业向集团公司购买生产经营所需的货物，但是对于下游企业来说，一次性付清预付账款较为困难，因此，可以向财务公司申请分批提货、分批付款。财务公司在集团公司与财务公司的贸易合同的基础上同意上下游企业的要求，通过第三方物流平台对特定仓库的货物实施监管，每当融资企业按期付款，则可以分批提出一笔货物。这种模式不仅解决了下游企业一次性购货的窘境，也不妨碍集团公司产品的正常销售，可谓一举两得。

（四）三种模式的比较

对三种运营模式进行对比，其对比结果见表 3-3。

表 3-3　三种运营模式对比

融资模式	服务对象	质押物品	第三方	生产期间	融资用途
应收账款	上游供应商	应收账款	无	发货待收款	购买原材料或其他
存货质押（融通仓）	无限制	存货	仓储监管方	无限制，有存货	分批付款、分批提货
预付账款（保兑仓）	下游经销商	预购买物	第三方物流平台	欲购买待生产	购买原材料及其他

第三节　集团公司视角下的供应链金融业务的服务体系设计

一、服务主体

集团公司通过财务公司构建一个金融平台，用相应的服务模式来服务集团公司配套的上下游企业，解决其融资问题，使其能够紧密支持集团公司的发展。集团公司供应链金融的服务主体，即集团的供应链配套企业。集团公司的发展离不开众多配套企业的业务支持，不管是供应商还是生产加工企业或是经销商，任何一个地方出现问题，都会拖慢集团公司的发展进度。集团公司的配套企业大多为中小型企业，这些企业普遍实力不强，由于融资困难很难得到迅速发展，导致不能满足集团的业务要求，从而拖慢了集团的发展进程。

二、金融平台

集团公司服务体系的运作以财务公司为主体，财务公司作为集团内部的非银行金融机构，与集团的众多子公司建立联系，将分散的资金汇集起来，加以利用。财务公司可以结合债券公司、保理公司等，并与银行等金融机构合作，搭建集团公司的个性化供应链金融服务平台。这样一个金融平台可以利用金融产品对资金进行合理利用，助推集团的产业发展；可以针对集团不同成员公司的不同需求，提供个性化的融资服务产品；积极开展供应链金融服务，通过发行金融债券或其他投资方法，给集团创造新的利润增长；可以有效防范风险，将平台与集团内部单位紧密相连，使其对集团的经营管理状况充分了解，同时作为金融机构，又对金融风险的识别更为敏锐。

三、服务方案

集团公司供应链涉及各类中小企业，由于各企业的交易往来、财务状况和经营规模等因素不同，导致财务公司为其提供的供应链金融服务产品不同。一般从集团公司的视角来提供供应链金融服务，服务体系针对上游、中游、下游企业再具体细分，图3-4列举了集团公司SCF服务体系的典型业务。

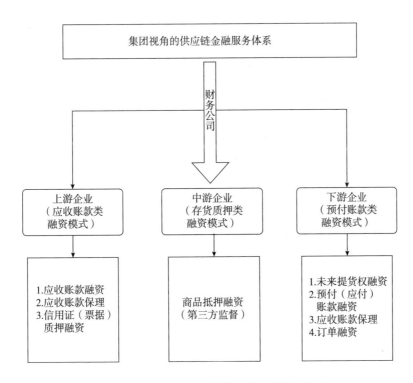

图3-4　集团公司视角的供应链金融服务体系

随着互联网的飞速发展，财务公司可以将集团公司的供应链管理系统与信贷管理系统以及资金分配管理系统实行对接，实时掌握物流、信息流和资金流的变动情况，使财务公司可以通过企业与集团的交易状况进行信用评价，从而实施发放贷款。

四、服务保障

财务公司将集团公司的供应链系统与信贷系统以及资金系统进行对接，可以实时查询应收账款、订单和合同等信息，全面把握三流的动向。依据供应链企业与集团交易的历史数据状况来评价其信用级别，为金融服务产品定价，通过交易情况为供应链企业提供融资服务。

由于供应链金融服务的需求方基本都是集团公司的合作商，财务公司为降低风险，可以采取信誉机制的方法。贷款企业与集团公司有着错综复杂的利益牵扯，一旦发生违约行为，将造成巨大的信誉损失，可能会因此失去与同一圈内所有企业的合作机会。在这种情况下，贷款企业为了继续与集团公司保持长远的合作关系，必然不敢轻易发生违约行为。有一定的惩罚机制，同时也要有一定的激励机制，如果贷款企业多次按期履行约定，那么融资方面可以给予一定的优惠福利待遇。

第四节　XY 交通建设集团供应链金融案例分析

一、XY 交通建设集团有限公司简介

XY 交通建设集团有限公司，简称"XY 集团"，是受国务院国资委监管的中央企业，该集团注册资本为 45 亿元人民币，资产总额将近 700 亿元人民币。

研究发现，近年来该集团的应收账款、应付账款和存货都以逐年递增的趋势发展。如何有效利用供应链金融，并将这些资源进行合理分配，已经被提上集团的重要研究日程。国家为落实供给侧结构性改革给出了一系列政策建议，推进工业企业发展，力求推动工业企业进行融资机制创新，促进资源的优化配置。2016 年 7 月，《中共中央、国务院关于深化投融资体制改革的意见》发布，该文件明确要求企业要依托多层次资本市场体系，发展投融资项目，拓宽投融

资渠道，国家要大力支持实体经济。2016 年，XY 集团成为我国新增的七家国有资本投资公司试点企业之一，这些政策的推出，以及国家的大力支持，加深了集团对供应链金融的需求程度。

SCF 作为一种产融结合的新型服务手段，只从小企业的角度是无法把控整个供应链发展的；而集团公司作为供应链条中的核心企业，在整个供应链中占据核心地位，能够从集团角度对其上下游企业的供应链交易进行更加全面有效的考察，对风险的把控也更为准确。相对于银行等金融机构来说低风险是集团公司发展 SCF 的一种内部优势。另外，XY 集团已经形成了有特色的资金管理体系，搭建了财务共享中心，提升了资金管理集中度，目前，资金集中规模已有千亿元左右。

二、XY 集团供应链金融的运营模式设计

（一）XY 集团上下游企业的收益分析

XY 集团基于大数据和云计算，为上下游企业建立了专门的数据库。当上下游企业提出融资需求时，集团通过库存和订单等情况对其进行信用状况分析。由于集团对上下游企业的物流、资金流和信息流等较为了解，因此，相对于银行等金融机构来说，大大降低了信用风险。上下游企业从集团获得融资不仅门槛降低，无须上传各类企业信息证明，更加方便快捷，节省融资成本；还能促进上下游企业与集团公司之间的联系，使合作更加密切，促进供应链的整体发展，使其形成一个良性循环的供应链体系。

（二）XY 集团实施供应链金融的业务目标

XY 集团在"十三五"规划中提出了 XY 集团金融业务的总体目标，即依托 XY 集团的品牌及实力，创新产融结合的模式，发展产业金融，助力公司转型升级。

（三）XY 集团供应链金融的运营模式

XY 集团的成员企业在协助上游供应商开展应收账款融资时，一定程度上影响了 XY 集团利用应付账款实现信用展期的成效，将无期限的应付账款转变为有期限的应付账款，加大了资金的支付风险。而资产池和期限组合融资策略的引入，有助于协调应付账款的付款期限，结合供应商级别、账龄情况和合作

依存度等信息，在对供应商的授信情况进行整体评价的基础上，合理安排资金支付期限，避免应付账款支付过于集中、财务风险过大等现象的出现。

XY 集团的主营业务较为广泛，表 3-4 是根据运营模式划分的集团各个业务采用的资产池类型以及内外部参与企业情况。

表 3-4　XY 集团运营模式的划分情况

供应链金融模式	资产池	业务板块	内部参与企业	外部参与企业
ABS	应收账款和应付账款	航务工程、公路工程、设计业务、公路投资	资金需求公司及财务公司或基金公司	券商
ABN			资金需求公司及财务公司或基金公司	信托公司
保理		航务工程、公路工程、设计业务、公路投资、机械制造业务、房地产业务、物资公司	资金需求公司、财务公司	银行
质押			资金需求公司、财务公司	银行
融资租赁	设备供应商和产品销售		资金需求公司、租赁公司	其他金融机构
存货质押	存货		资金需求公司、财务公司	银行

三、XY 集团供应链金融的服务模式设计

（一）XY 集团实施供应链金融的平台

集团成立金融控股集团及其他必要的金融平台公司来作为 SCF 业务的专属平台。XY 金控集团目前主要包括 XY 财务公司、XY 基金公司以及 XY 租赁公司等。XY 集团以基金公司和财务公司为核心，对各项资产（包括 XY 集团的应收款以及供应商的应收款）进行分析，建立相关的资产池，并与相关券商、信托公司等积极合作，开拓 ABS（Asset Backed Securitization）业务和 ABN（Asset-Backed Medium-term Notes）业务；以财务公司为核心，开展应收账款质押贷款、存货质押业务，为 XY 集团的成员企业及其供应商提供服务；以融资租赁公司为核心，为集团的设备供应商、机械业务的客户提供融资租赁业务；建立 XY 保理公司，为 XY 集团的配套企业集中开展应收账款等相

关的各项保理业务。各个公司 2016 年的业务情况如表 3-5 所示。

表 3-5　XY 金控集团的业务情况

XY 金控集团子公司	利润总额(亿元)	金融收入构成	金融成本构成
XY 财务公司	9.2	贷款利息收入、保险经纪业务、投资、供应链金融业务	存款利息支出及保险经纪业务产生的费用等
XY 基金公司	2.7	投资收益、管理费收入、咨询业务收入	业务相关人工成本
XY 租赁公司	3.3	保理业务、设备设施租赁收入	保理融资成本、租金、设备安装调试费、利息等

　　金控集团的设立有利于优化 XY 集团的资源配置情况，在有效规避供应链风险的同时，提升集团供应链的综合竞争力，通过推进多元化与一体化的金融服务，进一步促进产融结合的发展，提高金融平台的盈利能力，为集团创造新的利润增长点。

（二）XY 集团供应链金融的服务模式

　　XY 集团采用的是由金融管理部与财务公司牵头的集中管理服务模式，虽然集团各子公司陆续都开展了 SCF 业务，且各类供应链金融的模式 XY 集团都有所涉及，但是由于各成员企业的业务比较分散，缺乏统一的整合运作，导致出现了一系列问题，而通过这种集中管理服务模式可以有效地解决这些问题。这种服务模式的优点有以下几个方面：第一，集中管理有利于集中整个集团的相关资产资源，减轻开展 SCF 业务的风险。目前，单个成员单位开展 SCF 业务，往往会增加它们自身的付款压力。例如，对供应商应收账款而言（对 XY 成员单位来说是应付账款），如果开展供应链金融业务，可能会把没有期限的应付款变成有固定期限的应付款，给成员单位增加付款压力。虽然可以获得一定的收益，但是成员单位的参与积极性并不高。通过这种管理模式，可以将整个集团的相关资产资源整合起来，通过资产和融资业务的期限组合、资金的统筹等方式来减轻付款的压力。第二，集中管理可以增加与金融机构的谈判能力。单个成员单位在与证券公司、信托公司和银行等金融机构进行供应链金融业务的谈判时，由于业务量相对较小、信用等级相对较低等问题，导致谈判能力与集中管理相对较弱，不利于获得较好的谈判结果。采用集中管理模式，有利于供应链金融业务的开展。第三，有利于整体利益的最大化。单个成员单位在开展 SCF 业务时，从自身利益最大化的角度对各个项目进行选择。但是，由于自身风险控制能力和资金实力的限制，这种对项目的取舍可能会与集团利益的最大化发生一定的冲突。集中管理可以从集团利益最大化的角度来统筹安排，使供应链金融业务在 XY 集团内能够作为一项集团策略来开展，在提高成员单位对该业务重视程度的同时，围绕着 XY 集团的总体供应链金融业务战略来展开。第四，有利于 SCF 业务的专业化运作。各个成员单位目前并没有专职和专业的供应链金融业务人员来推进该项业务。各成员单位的财务负责人和相关人员在完成自身业务的同时，还要开拓供应链金融业务，增加了自己的工作量。各成员单位财务人员对供应链金融业务认识的差异，使业务的开展出现了不同的问题。通过集中管理，可以在集团层面引进或培养专业的供应链金融业务操作和管理人员，推进集团层面的业务效率。

四、XY 集团供应链金融的业务风险控制

（一）完善集团的风险管控机构

集团公司的供应链金融业务包含前期审核、中期监控和后期查漏补缺。前期审核，即针对不同的供应链金融模式制定进入标准，从根本上保证资产的质量；中期监控，即在业务执行的各个环节，都由专业小组进行把控，保证业务执行过程的合理性；后期查漏补缺，即在业务完成后进行审查，在保证整个业务过程规范性的同时，对历史经验进行总结。建立起一整套完善的风险管控体系，运用科学的风险评估系统，层层把关，明确各级责任，将风险控制工作融入实际的业务流程当中。

（二）合理推进供应链金融业务的发展

设立小组机制，定期或不定期开小组会，讨论供应链金融业务运营服务中出现的问题，并针对问题提出改进方法。对于 SCF 业务的开展，由业务领导小组成员对业务的设计和开展进行审查，以保证业务设计的可靠性，并从整个XY 集团的视角来对 SCF 业务的开展进行合理性审查，并对业务风险进行集体把控。

第四章

大型商业连锁企业的供应链金融业务

互联网电商的发展和消费习惯升级带来了消费品渠道比例的改变，甚至大润发这样在零售行业号称"19年不关一家店"的传奇商场，也被阿里巴巴收购。大润发创始人离职时说："战胜了所有对手，却输给了时代。"无论时代如何变化，新零售如何向线上线下融合的趋势发展，连锁超市都是消费品流通供应链的主要通路。从某种意义上说，零售超市的竞争，已经从线下流量的竞争变成了"供应链效率＋线上线下流量融合"的双重竞争。那么，连锁超市的生态究竟如何？供应链金融如何支持超市的供应链升级？新一代大数据线上化商超供应链金融如何运作？

第一节　商业连锁超市的供应链金融业务发展现状

一、商业连锁企业的供应链金融实施情况

（一）连锁超市的供应链金融市场

在市场规模方面，根据不完全统计，按照应付账款占零售负债的40%~60%的比例来看，全行业的应付账款规模大约在1600亿元~2400亿元之间。超市企业有5000多家，而18家上市商超企业的应付账款规模在400亿元~500亿元之间，占全行业的1/4左右。宏观经济给商超行业带来了很大的冲击，首先，GDP、消费品零售总额呈"L"型增长，消费整体疲软，中国面临增速放缓的经济新常态，消费市场整体需求趋于回落，社会消费品零售总额增长率持续走低。与此同时，电商崛起对实体零售业造成剧烈冲击。2015年，中国网络零售市场交易规模已经达到3.8万亿元人民币，位居世界第一，2016年突破5万亿元人民币。网络购物迅猛发展，占社会消费品零售总额的比重呈逐年上

升趋势。与传统超市业态相比，网络零售业已开始全面超越。电商的发展正倒逼着传统企业转型升级。

（二）连锁超市的供应链金融现状

这里选择一些具有代表性的连锁超市来分析一下连锁超市的供应链金融现状。

1. 成都红旗连锁

"中国便利连锁超市第一股"开启民营银行先河。享有"中国 A 股便利连锁超市第一股"之称的四川本土连锁超市——成都红旗连锁股份有限公司，2016 年 6 月，发布了关于设立四川希望银行股份有限公司获批的公告，红旗连锁拟出资 4.5 亿元，认购 15% 的股份，位列第三大股东，开创了实体零售布局民营银行的先河。四川便利店龙头企业红旗连锁通过参与发起四川希望银行，加快了"商业＋金融"的布局。

2. 沃尔玛

说到零售商，不得不提沃尔玛，其实，山姆家族早就开始涉足供应链金融领域。沃尔玛有个"供应链联合机制"，通过这个机制，供应商可以利用沃尔玛对其的 AA 信用评级，到指定银行融资；同时，供应商还能在沃尔玛收货后的 10~15 天内收到贷款，而以往的传统机制则需要 60~90 天的时间，供应商资金周转得到大大改善。沃尔玛通过"供应商联盟计划"，向 1000 余家供应商提供应收账款保理业务，并提供消费金融业务。在中国，工商银行将沃尔玛公司认可的供应商纳入目标客户范围，重点审查客户供货历史、过往合同履行能力、信用记录等直接影响回款的因素，无须客户提供抵押担保，即可为客户办理中小企业融资业务。

3. 永辉超市

早在 2014 年，永辉超市便开始筹划在金融业务上布局；2015 年 6 月，永辉超市开始构建它的互联网金融大生态：永辉超市 ＋ "一路一带"。丝路通支付公司成为永辉及合资方的第三方支付业务主体，股东资源有助于牌照获取，支付服务不仅服务永辉生态，同时还服务重庆西部物流园。为进一步提升永辉超市的金融业务体量空间，公司开启互联网金融业务第一步，后续供应链金融、小额贷款和 P2P 等业务有望相继落地。深耕零售领域的永辉超市，深知众多中小供应商的融资压力，大部分制造业的净利润只有 3%~5%，却承受着超过 15% 的融资成本压力。因此，永辉超市在一步步靠近供应链金融，其实施步骤包括：

（1）设立银行，助攻供应链金融，实现产销生态链"双赢"。永辉超市于2016年9月16日公布将参与设立福建华通银行，以促进金融资本和实业资本的融合发展。华通银行注册资本拟定为人民币30亿元，其中，永辉拟出资人民币6.6亿元，认购福建华通银行22%的股份。永辉超市通过金融服务，变现其产业链的价值，实现其类金融—供应链金融—全产业链金融的华丽升级。

（2）掌控"三流"，提高风控防御，分食15万亿元供应链金融市场份额。永辉超市凭借自身在行业中的特殊地位，掌握了大量的物流、信息流和资金流，此次，这一优势将得到充分发挥，作为核心企业切入供应链金融，构建新的优势领地。另外，华通银行通过永辉超市实现了风控上的金融重构，解决了信息不对称等问题，为分食15万亿元供应链金融市场份额提供了入口。

4. 物美集团

作为北方零售业的巨头之一，物美集团为了适应时代发展的需求，也早在多年前就开始了自我改革。据悉，2015年物美集团开始进行从互联网改造到新业态试验等各种创新，彻底拥抱互联网，改进供应链模式，开启了物美集团供应链金融。

物美在供应链方面主要提出了以下几点改进方案：首先是简化传统供应链，延伸新的价值链。其次是提高供应链作业的自动化和智能化，进一步优化物美的供应链。最后是供应链金融大发展，把供应链金融合起来说，实现物美供应链金融新模式。

5. 北京超市发

北京超市发连锁股份有限公司，是北京市著名的超市连锁企业，前身为北京市海淀区副食品公司。1999年10月公司完成股份制改造，成为北京首家股份制连锁公司，以"超市发"为品牌，主营生鲜日配品、食品、百货、家居用品及代理品牌商品的零售、批发业务。

现有直营店74家，经营面积16万平方米，员工7000余人，拥有3万余平方米的商品配送基地及近6000平方米的生鲜商品恒温库和低温库。几年来，公司逐步实现经营规模化、物流机械化、管理专业化、流通信息化。销售额呈两位数稳步增长，跃居中国连锁百强企业。

早在2012年，北京超市发便与北京富基标商流通信息科技有限公司签署了零售供应链金融服务合作协议，共同启动北京超市发（T+1）SCF供应链金融服务项目。据悉，北京超市发就是在那时成为了北京首家超市（T+1）供应链金融项目试点单位，该项目启动后，北京超市发的供应商可实现账款每天结算。

二、商业连锁企业的发展情况

（一）超市企业的发展困境

1. 销售额增速及净利润率持续下滑，大批门店关闭

据统计，2015 年国内超市零售额达 3.4 万亿元，同比增长了 5.6%，但近年来，增速呈持续下滑的态势。2016 年上半年同比下降了 3.1%，处在历史底部。净利润率呈逐年下降趋势。

2014 年全国主要零售企业共关闭 201 家门店，较 2013 年同比增长474.29%。江苏、浙江和安徽等的二、三线城市，成为零售业关店最多的区域。

2. 存转周期长

国内超市在 2013 年至 2015 年期间库存周转天数维持在 50 多天，部分超市企业的存货周转天数高达 60~90 天。相比之下，美国超市企业的平均水平在30 天左右。

3. 融资渠道受限，供应商资金是最重要的外部资金来源

普华永道调研显示，绝大多数超市企业认为融资渠道受限是目前最大的挑战。业务发展主要依靠自身业务盈余和股东后续投资来进行内生式增长。虽然供应商账款在整体资金结构中的占比在 2014 年、2015 年有所下降，但其接近1/5 的占比说明供应商资金仍是最重要的外部资金来源。

4. 应付账款周转期长，账期执行变差

应付账款周转天数指的是企业从购买存货开始到付清供应商欠款的平均周转天数。由于超市企业库存普遍较高，利用延迟支付采购货款来降低资金占用的情况普遍，付款周期长达 70~80 天。2016 年中国连锁经营协会调研显示，相比 2015 年，近 50% 的供应商认为零售商付款账期执行变差，40% 的受访者认为仍在维持现状，仅有少数供应商认为零售商账期执行有改善。

5. 零供财务关系紧张

由于供应商的回款情况并不乐观，甚至会出现扣款严重的问题，导致双方财务对接比较紧张。《中国零供商业关系研究 2016 年度报告》显示，拥有高效的支付流程已成为供应商最关心的问题。超市与供应商大多还处于讨价还价的简单交易阶段。由于没有增量的利润出现，双方未能形成合作共赢的局面。

（二）连锁超市财务状况分析

这里选择了一些具有代表性的上市连锁超市，通过收集到的数据，分析连锁超市现有的财务状况，收集的信息包括营业收入、净利润、门店数量以及上市时间。具体情况见表4-1。

表4-1　连锁超市财务状况表

区域	企业	营收（亿元）	增幅	净利（亿元）	增幅	门店	上市时间
全国	高鑫零售（大润发+欧尚）	1004.41	4.21%	25.71	5.20%	1510	2011/7/27
全国	华润万家						
福建、重庆、河南等	永辉超市	493.32	16.82%	12.42	105.18%	487	2010/12/15
福建	新华都	67.1	3.42%	0.57	114.43%	133	2008/7/31
上海	联华超市	266.66	2%	−4.5	9.46%	3618	2003/6/27
上海、华南	卜蜂莲花	100.86	−5.40%	−5.38	−2870.17%	62	1981/3/27
北京	华联综超	123.58	−7.98%	−2.6	−590.19%	167	2001/11/29
北京	物美集团						
北京	京客隆	118.82	3%	0.27%	7.30%	248	2008/2/26
北京	华联股份	10.17	−15%	1.16	−47.50%	40	1998/6/16
湖北	武汉中百	153.66	−6.13%	0.06	15.25%	1026	1997/5/19
湖南	步步高	154.7	0.12%	1.33	−37.94%	266	2008/6/19
广东	人人乐	101.93	−9.14%	0.61	113.87%	121	2010/1/13
香港	利亚零售	43.67	3%	1.26	−12.30%	600	2001/1/18
四川	红旗连锁	63.22	15.23%	1.44	−19.47%	2704	2012/9/5
浙江	三江购物	40.95	−6%	1.01	50.69%	158	2011/2/21
山东	家家悦	107.77	2.78%	2.51	1.60%	631	2016/12/13
山东	银座股份	128.45	−11.97%	0.22	−78.72%	122	1994/5/6
山东	利群股份	102.92	−2.73%	3.08	16.63%	43	2017/3/29

资料来源于链融供应链金融科技

经过对连锁超市行业上市公司年报和财务报告的分析，得出以下结论：

从资产方面看，超市的发展呈现出扩展的趋势，各超市总资产数额巨大，这就为超市发展供应链金融提供了资金保障。首先，流动资产中的货币资金、预付账款呈现较大幅度的增长，且数额保持在一个较高的水平，说明各上市超市可动用的资金充足。其次，作为零售业终端的各超市的应收账款保持在一个较低的水平，说明各超市有较好的坏账管理制度。

从负债方面看，零售超市企业整体负债经营比重较小，且短期借款占绝大部分，说明企业负债经营的情况少，企业拥有充足的自身资金进行正常的经营活动。短期负债大部分是由上游供应商延迟支付造成的，这意味着零售超市的上游产业是在面临大量应收账款的情况下进行生产经营，这有可能导致上游产业生产资金不足、产品质量下降、产品安全无法保障等问题。

从利润方面看，除联华超市、卜蜂莲花和华联综超之外，各超市均保持正的净利润，营业收入良好，这意味着各家超市营运能力良好，有较强的风险把控能力，能较好地应对市场中不确定因素的干扰。在17家超市中，有7家利润增幅为负，说明存在运营成本增加、收入下降、整体运营效率下降的情况。

从现金流量上看，各生鲜超市都保持了正的经营活动净现金流，这说明各超市市场销售良好，市场广大；生鲜超市作为面对消费者的零售终端，其销售绝大部分是一种"一手交钱，一手交货"的交易方式，因此，其经营中的资金周转快，能很快地收回资金；净现金流量为负值，说明各超市的投资在不断地扩大，自身所拥有的资金充足，盈利能力强；各超市的净现金流量都保持在一个较小的数额，或为负值，说明各超市负债经营部分的比重很小。

综上，面向消费者的超市是供应链中的核心企业，拥有强大的经济实力，盈利能力强，营运水平高，偿债能力强，发展能力好，且有大量的可用于抵押的资产，有为其生鲜供应链整体提供供应链金融支持的能力，以此保障自身产品的数量和质量，同时促进整个供应链更好的发展。

第二节　连锁超市供应链金融模式

一、连锁超市上游融资需求分析

（一）生鲜食品类供应商

生鲜产品一般是未经深加工，通过各种流通周转环节直接面向终端消费的农业产品，因此，其上游产业一般不涉及农产品加工部门，多为农业生产部门。

1.农业合作社供应链金融需求

对生鲜产业链上游的农业合作社而言，虽然我国农业合作社近几年发展越来越好，数量也不断地上升，但是很多合作社的成立只是为了获得政府的补贴，自身的经营水平不高，资金短缺严重，农业合作社向金融机构申请借款只占其资金来源的26.7%，并没有真正促进合作社成员的发展。

2.农业生产企业供应链金融需求

农业生鲜超市上游产业链的农业企业一般自建生产基地，进行专业生产加工的农业企业，受资金的限制规模无法扩大，且产品的质量无法有效保障。由于在供应链中处于弱势地位，下游的生鲜超市往往通过赊销的方式进行交易，自身可用于周转的资金不足。

（二）百货类供应商

百货类产品的供应商主要是大品牌厂商（比如宝洁等），有些是品牌厂商的经销商，有些是小品牌的直接厂商。大品牌的厂商在产业链中属于强势单位，结算周期和超市共同协商，账期一般较短。而有些品牌经销商和生产制造商的账期，往往有2~3个月。

（三）以A连锁超市为例

A超市产品分为四大类型：生鲜及农产品、食品用品、服装和加工产品。由于生鲜及农产品和加工类产品的供应商具有不稳定性，服装为公司新增业务品种，不具有品牌优势，这里应拟优先发展食品用品类供应商，因此，以下内容均以食品用品类供应商为分析对象。

1.供应商的运营模式

（1）多品牌经营。除直供、直采类产品外，A超市供应商一般同时经营多种品牌。快消品经销要求一定的存货，因此，超市供应商通常拥有自有仓库及大量存货、仓储人员、货车和促销人员，以及较为完善的货物运送管理机制。单一品牌及较小的营业额不足以支撑运营成本，因此，多品牌经营能使供应商实现资源利用最大化，创造高效的运转机制，实现快速周转与盈利。

（2）多渠道销售。A超市供应商主要为省、市级经销商、区域代理商、渠道经销商和生产厂家，所经销的产品除供应A超市以外还供应家家悦超市、银座超市、利群超市、振华超市、大润发和欧尚超市等大中型超市、百货商场、二级批发商、零售店便利店及酒楼餐饮等，下游客群较为分散。

（3）薄利多销的盈利模式。超市经营产品主要以快消品为主，"厂商—经销商（供应）—超市"在整个商业链条中呈现"夹心饼干"模式，即厂商与超市处于强势地位。厂商要求款到发货或提前打款提货（计划外），而超市有一定账期，经销商无法快速回笼资金，加上 1~1.5 个月的基础库存，经销商需要垫付大量资金以保证货物运转，目前，行业毛利约为 20%~25%，净利润为 3%~5%。除货物购入成本外，其他主要支出如表 4-2 所示。

表 4-2　供应商主要支出

返利	配送费	基金费	人员费用	仓储运营	缴税	其他支付
3.8%	2.5%	1.5%	1.5%	2%	3%	2%

2. 供应商与 A 连锁超市的结算方式

每年 3~4 月 A 超市与供应商签订本年度《供零合作协议》以及《A 超市与供应商年度补充协议》，A 超市通过供应商服务系统向各供应商发出订单需求，供应商发货至 A 物流，由物流统一向各门店进行货物分配，A 物流向供应商收取 1%~5% 的配送费。供应商向 A 超市供货后，需经过"对账—开发票—付款"的流程才能收到货款。

具体流程如下：第一，对账。A 超市约定每月 9 日和 20 日为对账日，A 超市在每月的对账日与供应商进行电子对账，核对内容包括所购商品订货量、入库量、退货量及促销服务费等，对账通过供应商服务系统进行，将对账汇总表及验收单送至 A 财务室，取得开票资料（即对账单）。第二，开发票。供应商需按照对账后的交易内容，在 7 个工作日内开具增值税发票或普通发票，货款按照双方约定的含税进价核定。第三，付款。A 超市生鲜账期为到货 15 天，补损在 5% 左右。除生鲜类产品外，A 超市其他类产品结算周期为月结 30 天，即 A 超市收到发票后 30 天付款，但通常情况下，A 会在该基础上延长付款时间（5 天左右），再加上发货和对账平均占用时间为 10 天，开发票及寄送时间为 5 天，因此，实际账期约为 50 天，A 超市向供应商指定账户支付货款。

3. 供应商的资金需求

超市供应商在与上下游的交易过程中处于弱势地位，资金占用量大，其主要资金占用体现在应收账款以及存货上。

（1）应收账款。供应商的应收账款账期约为 55 天，即有 1.5~2 个月的货款未及时收回，造成供应商资金占用。主要的大中型商超还包括沃尔玛、新华都、家乐福、兴福兴、世纪联华等，各超市的主要账期如表4-3所示。

表4-3 各超市主要账期

商超名称	结算周期	实际账期
永辉	月结30天	50天左右
沃尔玛	月结60天	75~80天
新华都	月结30天	45~60天
家乐福	月结45天	60~75天
兴福兴	半月结	60天左右
世纪联华	月结30天	45天左右

以A超市年供应量为1200万元的供应商为例，平均应收账款=（55×1200）÷360=167万元。

（2）库存。供应商与上游的结算方式多为款到发货，供应商提前支付下月货款，厂商收到货款后向供应商发货，外省厂商货物的在途时间一般为10~15天。快消品厂家一般要求供应商备一个半月左右的销售库存，供应商平均库存金额约为月销售额的1.5倍，存货周转天数约为45天，加上在途10~15天，供应商实际存货周转天数为60天左右，年存货周转次数：360÷60=6次。

以A超市年供应量为1200万元的供应商为例，平均存货=（60×1200×0.8）÷360=160万元。综上，若企业每年向A超市供应1200万元的货物（含税），每月向A供货100万元，则主要占用资金=平均应收账款+平均存货=167+160=327万元，企业每月的实际占用资金为月供应量的3.27倍，占年供应量的27.2%。

为了跟上A超市的发展步伐，供应商面临较大的资金压力，其压力主要来源于上述两个方面：第一，商超统一结算带来的账期；第二，库存数量增加带来的铺货资金需求。另外，还有春节、中秋节等重大节日带来的季节性资金需求。

二、连锁超市发展供应链金融的优势与条件

（一）连锁超市发展供应链金融的优势

1. 信用优势

连锁超市大部分为综合超市和生鲜超市，这些企业自身的实力往往较强，是零售供应链中的核心企业，有实体资产，经济实力雄厚，且有较高的信誉及商业信用，更容易形成产业链的链主地位，带动产业链上下游发展。

2. 财务优势

大中型超市主体信用较足，在上游产业通过供应链金融向银行申请授信时，其作为质押或转让的应收账款具有较强的保障；大中型超市行业现金流充沛，不论是发展供应链外部融资模式还是发展供应链内部融资模式，超市企业自身都有足够的资金保障整个供应链的顺畅运行。

3. 信息化优势

连锁超市作为零售供应链中的一个重要环节，往往是供应链中的核心企业，在供应链管理上较为规范和科学。随着新零售的发展，从线上切线下的企业尤其注重信息化建设，无论是供应链管理系统、ERP 系统，还是 SaaS（Software-as-Service）管理系统，客观上均较大地提升了超市的信息化程度，基本解决了产业链信息联通问题。

（二）连锁商业超市发展供应链金融的机会与威胁

1. 机会分析

（1）消费者消费习惯改变。随着我国经济的发展，三口之家成为家庭的主要结构，在一个三口之家，大部分的时间用于工作，人们对消费的便捷性和高效性要求越来越高。同时，随着生活水平的提高，消费者对食品安全、品质问题越来越关注，超市的全天性经营、科学性管理和严格的准入标准受到消费者的青睐，发展前景广阔。

（2）国家政策支持。首先，生鲜超市上游的农业产业深受国家的关注。2004 年到 2017 年，"三农"问题一直被作为中央的一号文件出台，备受国家关注。2010 年中央一号文件提出支持各类新型金融组织进入农村，为农村发展解决融资难问题。其次，2013 年国务院提出倡导民间资本建立风险自担的民营银行、担保公司，这一政策的出台为生鲜超市发展供应链内部融资提供了政策支持。

2. 威胁分析

（1）银行业竞争激烈。超市发展供应链金融的模式之一就是自建民营银行，但是，近几年随着利率市场化改革的加速，银行业竞争激烈，生鲜超市作为没有任何金融业务经验的机构，金融人才欠缺，将面临很大的压力。

福建永辉超市参与成立福建华通银行，华通银行注册资本拟定为人民币30亿元，其中，永辉拟出资人民币6.6亿元，认购福建华通银行22%的股份。永辉金融由永辉小额贷款（重庆）有限公司和永辉青禾商业保理（重庆）有限公司组建，其利用自身十余年发展过程中积累的零售经验，通过互联网的平台、数据和技术优势，不断提升融资效率和降低融资成本，推动中小企业持续健康发展，满足员工和消费者的信用消费需求，成为主流金融机构的有效补充。最近，永辉金融推出"惠商超"，专门为永辉超市上游的供应商提供供应链金融，并设立上海云创平投资管理有限公司，专注于新零售的项目投资和发掘。

成都红旗连锁超市参与成立希望银行，依托庞大的门店网络、先进的信息技术、完善的配送物流和便捷的增值服务项目，加强线上线下融合，促使物流、商流、资金流和信息流紧密结合，努力实现"连锁＋互联网＋金融"的新商业模式。

步步高连锁股份有限公司设立步步高小额贷款有限公司，立足于步步高集团旗下各业态的业务发展需要和客户需求，秉承"优质、文明、灵活、高效"的经营理念，坚持和实行"审慎经营，安全第一，兼顾效益"的总体经营原则，面向"三农"和步步高广大供应链客户，提供小额信贷和财务咨询服务。

（2）生鲜超市供应链金融服务风险大。在生产方面，生鲜产品的季节性、周期性强，受自然等不确定因素的影响大；在运输方面，我国的冷链运输成本高，导致生鲜产品在运输过程损耗大，不易储存。生鲜产品销售强调"鲜活"的特点，导致生鲜产品供应链过程的经济效益较低，这使生鲜超市供应链中各主体及为其提供供应链金融服务的银行都面临巨大的风险。

三、连锁超市不同供应链金融模式的应用分析

企业在解决发展过程中的资金短缺问题时有多种模式，各企业应该根据自身的具体情况，选择适合自身的模式。从整体上分，超市发展供应链金融有两种方式，一是通过供应链外部的金融机构进行融资，这种方式最主要的是实行

应收账款融资模式；二是供应链内部融资，包括通过供应链中的核心企业建立小额贷款公司、民营银行等模式。

（一）应收账款融资模式

连锁超市往往是供应链中的核心企业，在超市的供应链中，上游供应商即资金的需求者，因此，为缓解上游产业的资金紧缺，可以实行应收账款融资模式，此种模式包括应收账款质押和应收账款保理。应收账款质押模式指上游生鲜超市将其应收账款质押给金融机构，但是所有权并不转移，金融机构对其应收账款进行控制，防止授信风险；应收账款保理是超市上游供应商将其应收账款转让给保理公司，所有权归保理公司所有。传统线下应收模式已经发展出"N+N"的新型线上供应链金融模式，如图4-1所示。

图4-1　大型超市应收账款融资模式

根据超市上游供应商是否将其应收账款所有权转让给授信的金融机构，可以将应收账款融资模式分为应收账款质押融资和应收账款保理融资两种。以上游企业为供货方，核心企业为购货方，其供应链金融模式的具体步骤如下：

第一，上游供应商与超市企业交易；

第二，超市给上游供应商应收账款单据；

第三，超市供应商将收到的单据交给金融机构进行质押，或转让应收账款凭证；

第四，超市向金融机构做出付款承诺；

第五，金融机构进行信用评估后，给上游供应商信用贷款；

第六，上游供应商用贷款进行项目投资；

第七，超市销货、回款；

第八，超市对上游供应商支付账款；

第九，金融机构将之前与上游企业签订的合同注销。

在整个过程中，上游供应商为债权人，超市企业为债务人，超市企业在融资过程中起反担保作用，一旦上游组织出现问题，核心企业将承担和弥补责任。

（二）连锁超市供应链内部融资模式

1. 超市供应链内部核心企业自建供应链金融公司

超市企业可以根据自身情况确定建立的供应链金融公司的组织形式，同时为公司配备足够的、具有金融从业经验及专业知识的董事、高级管理人员及工作人员，保障供应链金融公司的顺利运行。

超市自建小供应链金融公司，即超市自己出资建立一个为供应链中成员提供小额信贷和融资服务的平台，来缓解供应链上游产业资金紧张的局面。自建供应链金融公司相较于借助供应链外部的贷款公司有以下几个优点：

第一，使资金来源更有保障。超市供应链中的核心企业拥有足够的现金流，若其投资自建供应链金融公司，可以应用自身强大的经济实力，缓解这种尴尬的境况。

第二，贷款额度更具灵活性。国家相关标准要求小额贷款公司贷款的余额不得超过小额贷款公司资本净额的5%，这使超市上游一些资金需求较大的产业无法得到足够的资金支持。超市自建供应链金融公司则可以根据自身与上游产业之间的业务量，适当调整贷款的额度，最大限度地满足上游产业的资金需求。

第三，有利于对贷出款的管理。超市自建供应链金融公司可以利用自身的供应链管理系统，对上游产业进行统一管理，双方信息透明度高，不仅可以节约授信成本，还能更好地将放贷范围覆盖到整个供应链上游产业。

第四，有利于超市供应链各主体地位的平等。作为超市同一供应链的双方，对彼此的生产及业务流程较为熟悉，且供应链上游产业的生产会影响到超市销货的数量，所以提高超市上游产业在谈判中的地位，可以使供应链各主体地位趋于平等。

2. 连锁超市供应链内部核心企业自建民营银行

"鼓励民间资本建立民营银行"是 2013 年国务院针对金融业结构调整转型所提出的，旨在为特定的经济主体提供金融服务，强调其服务的针对性，例如，强调民营银行对小微企业的支持，对地区经济的支持等。其成立的资金要求是在不借贷资金、他人委托资金入股的前提下，注册资本不低于 5 亿元，不高于 10 亿元人民币。

有实力的超市企业建立民营银行为其上游产业提供金融服务，其优点体现在以下几个方面：

第一，民营银行的组织更为专业化，对资金的管理更为科学。由于生鲜超市本身处于供应链上，对于上游产业的生产过程较为熟悉，且处于供应链的末端，直接面向终端的消费者，能够较为准确地把握市场需求，并向上游产业传递市场需求信息，使上游产业可以及时调整生产，将贷款资金运用于最能产生经济效益的地方，实现资金的最大收益。

第二，由超市供应链中的核心企业建立民营银行，能够为超市上游部门提供专门的资金支持。由于超市本身是供应链中的核心企业，其自身拥有的可用于投资的资金丰富，其自建民营银行为其上游产业提供资金支持，可以实现资金专用的目的，提高其产品的竞争力，同时避开与其他商业银行的竞争，实现错位竞争，获得收益，同时提升整个供应链的竞争能力。

第三，作为供应链核心企业的超市，通过完善的供应链管理系统对其上游产业的资信财务状况等进行较为深入的了解，可以很好地减少应收账款融资模式中由于银行对上游部门了解不足而产生的贷款时间成本，以及由于供应链各主体与银行组织分散而造成的时间成本。

3. 供应链内部融资不足

通过对供应链内部融资方式的分析发现，超市在其中起主导作用，由供应链中的核心企业超市建立小供应链金融公司或民营银行，为上游产业提供资金支持。一方面，由于上游产业一般为弱势企业，在谈判中的地位较低，且交易过程中常常接受应收账款的交易，一旦上游产业发展的资金支持依赖于供应链中的核心企业，有可能导致超市上游产业对生鲜超市的从属地位加强，上游产业更依赖于超市，致使上游产业受控于超市，无法真正促进上游产业的发展；另一方面，上游产业大部分为农业部门，若农业部门受控于某些民营资本，有可能涉及国家粮食的安全问题，不利于"三农"的发展。

（三）连锁超市不同供应链金融模式的应用比较

超市发展供应链金融解决上游产业融资问题有三种可选的模式，由于其上游产业构成复杂，对资金的需求额度大小不一，加上超市自身的发展水平上也不尽相同，因此，有必要对各种模式进行比较分析。

应用的难易程度上，供应链金融的模式得到了最为广泛的应用，主要形式是供应商应收账款融资和存货融资；企业自建民营银行还处于探索阶段。

四、连锁超市发展供应链金融的建议

连锁超市发展供应链金融为其上游产业提供融资服务的方式并不是唯一的，因此，超市应根据自身的实际情况及上游产业对资金的需求情况，具体问题具体分析，选择适合自身及供应链整体发展的供应链金融模式，在此基础上制定发展战略。

（一）合理评估自身财务状况及管理能力

供应链内部融资对超市及其上游产业的财务状况有较严格的要求，因此，超市在实行内部融资时要先对自身及其上游产业的财务状况进行分析。通过财务分析方法，对自身的获利能力、偿债能力、营运能力和发展能力进行综合分析，分析自身的资产水平，分析是否有发展内部融资的资产条件，不断提升自己的盈利能力、发展能力，为发展供应链金融公司或民营银行做好资金准备。

针对超市上游各主体分散使其管理难度加大的特点，应加强对上游供应部门的管理，以提高上游供应链的运行效率。在供应链中，每一环节的生产都会影响到整体的效益，因此供应链主体之间的协调合作至关重要。在管理方面，应加强网络信息化建设，对供应链进行统一管理，提高管理的效率，使供应链整体在竞争中处于不败之地。

（二）加强连锁超市供应链金融的人才队伍建设

供应链金融的运行离不开人才，因此超市在培养供应链管理人才的同时应该加大对金融人才的培养，加大人才储备，不断吸收人才，为己所用，内训与外训相结合，提升员工素质，特别是要注重培养供应链金融的人才，提高对资金使用的监管能力。

（三）建立供应链金融的风险管控体系

资金是供应链金融中最重要的部分，其安全性是超市进行供应链金融服务时必须关注的点。为保障资金使用的安全性，超市必须建立完善的供应链金融管控体系，保障资金的安全。这要求要了解上游部门的经济实力，掌握上游部门的相关信息，特别是上游部门的信贷能力，建立良好的风险防范体系，规避信用风险造成的损失；加强对上游产业的信用测评，对上游企业的每一笔交易进行记录与评估。一方面，在贷款前，对供应商的贷款资格进行严格考察，建立完善的准入机制，并对贷款的额度进行严格把控。另一方面，在贷款后，生鲜超市可以通过建立完善的供应链管理系统对上游供应商进行统一管理，通过供应链管理系统监督供应商贷款资金的使用方向。

第三节　沃尔玛连锁超市供应链金融案例分析

一、沃尔玛连锁超市概况

沃尔玛百货有限公司由美国零售业的传奇人物山姆·沃尔顿先生于 1962 年在阿肯色州成立，经过 50 多年的发展，现如今，沃尔玛公司已经成为全世界最大的连锁超市零售商。沃尔玛借助脚踏实地的经营态度，灵敏的市场嗅觉与经营方法，成为 500 强中排名第一的企业，目前，沃尔玛在全球开设了超过 6900 家商场，员工总数 190 多万，分布在美国、墨西哥、波多黎各、加拿大、阿根廷、巴西、中国等 10 多个国家。

20 世纪 50 年代，沃尔玛还是一家不起眼的小店铺，店铺商品价格低廉，店名为 "5~10 美分"。在 2001~2004 年间，《财富》经济杂志上连续四年出现了沃尔玛的名字，而且跻身于世界 500 强之首。沃尔玛是集吃、穿、生活服务为一体的综合性质的商店，消费群体多为中下收入阶层。无论是国内还是国外，这种性质的商店在城市随处可见，而沃尔玛之所以得到众多消费者的青睐，源于沃尔玛对价格的把握，它致力于使商品价格低于同种类型商店。经过数十年的坚持与努力，20 世纪 60 年代，在阿肯色州拉杰斯市，"Wal－Mart" 正式问世，沃尔玛连锁超市正式拉开帷幕。随后，沃尔玛不断扩大市场占有率，提高市场份额，不断扩张。20 世纪 70 年代初期，沃尔玛上市，70 年代末，沃尔玛突破 10 亿美元销售大关。20 世纪 80 年代末，Sam's Club 开设，消费者可以凭借会员身份以较低的价格购买商品，同年，企业建立卫星系统，再创历史新高，成为行业标杆。20 世纪 80 年代中期，美国著名的金融杂志，把沃尔玛誉为"美国最富的企业"。19 世纪 80 年代末，首家综合百货公司建立，与此同时，在沃尔玛总部，面积更大的卫星系统开始运行，堪比 20 个足球场，仅次于美国国防部，达到了零售行业的最高水平。20 世纪 90 年代初期，沃尔玛与知名的 Cifas.A 企业成为了合作伙伴，并且共同建立了超过 40 家的 Sam's Club 和 Wal — Mart 商场，又在加拿大建设了超过 120 家的连锁店。1992 年 3 月 17 日，沃尔玛斩获美国最高荣誉勋章——"总统自由勋章"。次年，沃尔玛赶超西尔斯，销售额高达 610 亿美元，遥遥领先零售行业。1996 年，沃尔玛在中国开设了第一家门店，至今，已经在中国的 21 个省、4 个直辖市的 140 个城市开设了 370 家商场。由于当时中国的人力成本、原材料等存在一定的价格优势，沃尔玛 95% 的原材料来自中国，其每年在中国的采购总额已经超过百亿美元。20 世纪末，沃尔玛在全球 500 强中排名第二，销售额再次刷新，高达 1650 亿美元。21 世纪初期，沃尔玛销售额超过 2199 亿美元，位居世界 500 强首席，并连续 4 年获得销售冠军。到 2005 年末，沃尔玛在全世界的销售总额超过 3156 亿美元（埃克森美孚的销售额因石油价格上涨而飙升，沃尔玛销售额被反超，成为全球第二）。

二、沃尔玛连锁超市供应链金融模式

（一）沃尔玛供应链金融经营模式

沃尔玛超市一直以来都很重视与供应商建立长久稳定的合作关系，促进与供应商的协同发展。沃尔玛中国超市的商品供应商大多都是融资困难的中小企业，融资困难在很大程度上制约了中小企业的发展，间接地影响着沃尔玛超市的经营与发展。在沃尔玛的整个供应链财务管理中，上游供应商的财务管理是很重要的一部分。

为了解决沃尔玛供应商的融资难问题，同时，也为了降低沃尔玛供应链的财务成本，2005 年 6 月，工商银行深圳支行在沃尔玛保理业务试点成功的基础上，向沃尔玛供应链系统内的中小企业推出了供应链融资方案，该方案以沃尔玛百货有限公司的优质信用为依托，以工商银行深圳支行全面掌控沃尔玛公司与其供应商之间的商流、物流、信息流和资金流运作为基础，重点审查客户供货历史、过往合同履行能力和信用记录等直接影响货款回笼的因素，对投资可行性进行评估并制定投资方案，无须客户提供抵押担保，即可为客户办理融资业务。供应商在网上接到沃尔玛的订单后，向商业银行提出融资申请，用于组织出产和备货；获取融资并组织出产后，向沃尔玛供货，供应商将发票、送检进库单等提交给商业银行，商业银行即可为其打点应收账款保理融资和回还订单融资；应收账款到期后，沃尔玛支出贷款资金到客户在商业银行开设的专项收款账户，商业银行收回保理融资，从而完成供应链金融的整套打点流程。供应商可以直接在商业银行柜面申请打点，商业银行柜面营业人员直接在沃尔玛供应链系统上查询并确认应收账款，并在授信额度内按照订单或发票予以融资，快捷便利。其详细的业务操作流程如下：

第一，沃尔玛通过自建的网络信息平台向供应商下订单；

第二，供应商收到订单后，向工行提出订单融资申请，用于组织生产和备货的资金周转；

第三，供应商将工行的贷款用于组织生产，生产结束后，向沃尔玛中国有限公司的物流配送中心供货；

第四，沃尔玛的物流配送中心在验货后提供唯一的收货编号，供应商及时将收货编号和增值税发票等订单确认信息录入沃尔玛的供应商电子数据网络交换平台中。供应商在此基础上产生应收账款，同时将这些信息通过网络信息平台传递给银行；

第五，供应商将发票、送检入库单等出货入库信息提交工行后，向工行提出保理融资申请，在申请成功后，供应商可用保理贷款归还订单货款；

第六，当应收账款到期时，沃尔玛将所欠货款打到供应商在工行设立的专项收款账户。同时，工行收回供应商申请的保理融资，进而完成供应链金融的整套办理流程。

截至 2005 年末，工商银行为沃尔玛供应链中的中小企业提供资金 300 笔，总金额达到 8000 万元，彻底解决了中小企业由于资金缺乏而长期存在的运营难题，工商银行也由此开启了供应链金融创新的大门，投资业务繁荣发展。

供应链金融的运营模式是"1+N"模式，"1"指的是沃尔玛有限公司，"N"指的是其上下游中小供应商，工商银行深圳支行基于沃尔玛有限公司的信用状况，向其上下游中小企业提供资金。

供应链金融包含银行机构（工商银行深圳某支行）、供应链系统（沃尔玛百货有限公司和其上下游中小企业）和第三方物流管理公司（沃尔玛内部物流系统）3个参与主体，以电子商务信息系统（由 EDI 电子数据交换系统与商业银行网络系统共建）为信息传输平台（见图 4-2）。

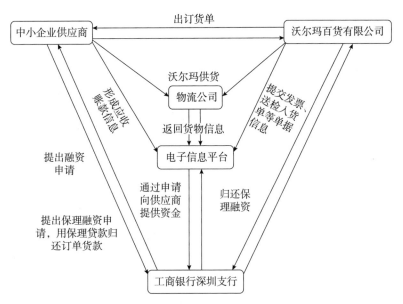

图 4-2 沃尔玛供应链金融模式运作

1. 以工商银行为代表的银行机构是投资方

工商银行深圳支行将沃尔玛百货有限公司的信用与其上下游中小供应商的信用进行捆绑，形成系统整体信用评估，以应收账款和应付账款的实际运转为资金供应节点，提供投资产品设计、财务管理咨询、现金管理、应收账款清收及结算等一体化服务，将资金注入中小企业实体中。

2. 以沃尔玛公司和其上下游中小企业为代表的供应链系统是融资方

沃尔玛百货有限公司在整个系统中处于主导地位，以实现自身经济利益持续增长为根本目的，联盟具有运营优势的上下游中小企业，为其提供信用担保，以便这些企业能够方便快捷地从银行获得资本，进而促进供应链系统良好发展。沃尔玛百货的资信状况和运行效率直接决定着其上下游中小企业的融资效率。沃尔玛公司的上下游中小企业将其在系统中的地位、作用以及与核心企业的交易情况等信息作为向工商银行申请贷款的前提条件，所得融资用于保持业务正常运行，不能另作他用，上下游中小企业是资金的实际需求方和融资业务的最大获益方。

3. 以物流业为代表的第三方机构是融资活动的监管方

在沃尔玛供应链金融中，物流业属于沃尔玛公司的内部业务部门。在中国，第三方监管机构一般是独立于企业系统的外部企业，它们为整个供应链系统提供货物运输服务、资产信贷监管服务，就相关业务风险向银行发出风险预警，获得物流和资产监管的双重收益。

4. 电子信息平台是供应链金融的运营基础

EDI 电子信息交互系统和工商银行网络系统安全对接，实现发票传递、订单结算、融资成本结算、按进度阶段性付款和存货入库等业务的确认。

（二）沃尔玛供应链金融经营模式的创新之处

风险治理模式创新。供应链金融打破了传统的评级授信、典质担保等信贷准进条件的限制，主要依托生意对手——沃尔玛公司的信用，通过网络对供应链上的物流、信息流和资金流进行跟踪，成立还款专户，锁定还款资金，有效控制融资风险，实实在在支持了一批经营良好、产品畅销的小企业。

风险治理手段创新。依托强盛的结算平台，商业银行成功开发出了用于现金流分析的系统，详尽把握沃尔玛与供应商之间的现金往来记实，并进一步与沃尔玛供应链系统对接，实时把握供应商在沃尔玛的订单和应收账款情况，增进信息的透明度，降低银行的融资风险，同时为简化流程提供了技巧保障。

营业流程创新。供应链金融单笔金额小、笔数多、频率快，按照银行现有的融资流程，根本无法满足企业对时效性的需求，同时贷款银行也无力承担相关的人力成本。商业银行独创性地提出柜台化打点的思绪，企业可以直接到工行柜面打点供应链金融业务，实时获得融资，就如同打点结算业务一样，极大地提高了营业打点的效率，满足了企业对时效性的需求。

营销模式的创新。工商银行利用强大的结算优势，批量筛选出沃尔玛的供应商名单及其收款情况，准确定位该项业务的目标客户。把传统单个客户营销模式转变为批量营销模式，组织沃尔玛供应商召开供应链金融方案的推荐会。

消除信息不对称，道德风险有效降低。该供应链金融方案采用了多重风险控制技术，有效地降低了信息不对称的现象，如现金流分析系统、债项评级和信用捆绑等。同时，为沃尔玛的供应链准入体系提供了供应链的客观信息。为了维护供应商自己在供应链中的地位，供应商会积极维护与沃尔玛的关系。供应商为了提高自己的信誉，会提高信息的透明度和真实性。这样的声誉机制也降低了供应商的道德风险。

三、沃尔玛连锁超市供应链金融业务收益与风险

（一）沃尔玛供应链金融的盈利方式

收益是供应链金融繁荣发展、保持创新的根本力量之源，银行机构、供应链系统和第三方物流管理公司在投融资活动中都获得了丰厚的利润回报。

银行机构收益。以工商银行深圳支行为代表的银行机构获得了较为可观的投资收益，开发了优质的客户群——中小企业，实现了金融产品创新，改变了以往过度依赖大型企业的尴尬局面，为自身的发展注入了活力。

供应链系统收益。沃尔玛整合了上下游资源，参与了供应商的生产计划和产品研发及质量控制工作，得到了价格、销量和付款方式等多方面的优惠，实现了低成本物流运输，保证了自身业务活动的高效有序。基于与沃尔玛有限公司稳定的合作关系，中小供应商获得了较以往更为公平的融资平台，迅速打开了融资渠道，满足了运营资金需求，实现了销售收益的平稳增长。

物流企业收益。我国物流企业突破了长期以来低成本、低利润率的困境，保证了运输业务的持续发展，攫取了质押业务利润，迅速完成了产业转型。

（二）沃尔玛供应链金融的风险因素

由于我国不完善的金融体制产生的系统性风险，作为一种新兴的中小企业融资模式，供应链金融面临着体制内多方面的非系统风险，整个系统的主要风险及其传导方式见图4-3，其中，电子信息系统的对接风险贯穿始终。

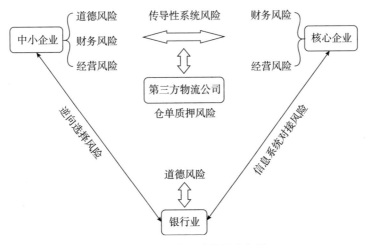

图4-3　供应链金融的风险传导

    信用风险由商业银行的信用风险和核心企业上下游企业的不可控风险组成。银行面对的投资群体是生命周期短、资金流不充足且财务建设比较薄弱的中小企业，其财务风险和运营风险的存在，决定了信用风险随业务活动的发展而发生波动；银行相对侧重于对核心企业（沃尔玛百货有限公司）的信用评估，忽视中小企业的信用状况，信用风险发生位移。沃尔玛有限公司对其上下游中小企业没有稳固的管理措施，一旦一家中小企业还贷困难，信用危机会迅速蔓延至整个供应链系统。为获得更多的贷款，部分中小企业可能会违背诚实守信的道德原则，过度粉饰自己的财务报表，造成银行授信逆向选择风险。客户商品来源的真实性与合法性及存货质量的高低会构成较大风险；市场上各家仓库所开具的仓单五花八门，没有统一规范，具有违约风险；抵押物质量随时间和地点的不同发生变化，以固定历史价格为基础进行的质押物价值评估，存在信息滞后或失真风险。首先，作为第三方监管机构，物流企业在仓单质押方面没有可靠经验，存在风险。其次，如果第三方企业为了争取业务与借款人同流合污，实施虚假评估，会造成客户资信风险。最后，我国的第三方物流仅仅实现了将风险向投资方传递，并没有将整体风险传递给中小企业，导致中小企业出现信息不对称风险。

第五章

大型物流企业的供应链金融业务

供应商金融和物流有着十分宽广的发展空间，国外的金融机构位居前列，比方说万贝银行、巴黎银行、花旗银行与仓储企业携手，建立合作关系，开创了物流与供应链金融经营合作的先河。除此之外，金融机构现已成立了质押银行，1999年，摩根士丹利将 3.5 亿美元交至上市物流公司红木信托手中，有效地推动了物流与供应链金融业务的发展进程。UPS 把物流与供应链金融业务视作其战略中的一个重要因素，明确强调物流企业能否在未来成为真正的最终赢家，主要取决于其是否掌握了金融服务，可见物流企业与金融服务的结合是大势所趋。

第一节　大型物流企业的供应链金融业务的发展现状

供应链金融业务萌芽于 20 世纪 80 年代，成长于 21 世纪初期。在 2008 年暴发的美国次贷危机后，全球金融体系的银根缩紧，供应链金融业务的扩张有效缓解了广大中小型企业融资困难的窘境。供应链金融是指金融机构基于供应链企业集群角度展开分析，系统考虑供应链核心企业与其上下游企业的信贷需求，并向其提供灵活的金融产品和服务的一种新型融资模式。金融机构通过分析供应链的资源整合力度、核心企业管理水平及其信用等级的方式，以核心企业为信贷服务中心，向上游及下游企业拓展其金融产品及服务。在后国际金融危机背景下，强化供应链企业与金融产业之间的合作，有助于缓解供应链企业的内部资金周转压力及外部资金融通压力，深化供应链企业间在产供销诸环节及技术、市场和组织管理等方面的有机合作，提升供应链企业间的资源整合力度。面向供应链企业提供金融服务，有助于金融机构拓展其金融业务的增值服务新内容，增强金融机构的金融风险防范能力，实现金融机构与供应链企业的双赢。

　　我国现阶段的供应链金融主要还是由商业银行等金融机构主导，经历了从无到有、从小到大、从简单到复杂的过程，现在已经具备了一定的规模。近年来，物流和供应链的整合，成为物流业与金融业共同关心的新领域。作为专门从事物流服务的第三方物流供应商，不同的市场定位决定了他们的能力和为客户服务的绩效，第三方物流运作模式因而产生差异。第三方物流的能力的性质和资源是决定此差别化定位的一大因素，且能力的性质与资源关乎能力或资源的种类。据巴尼的理论，资源和能力分为有形和无形，有形资源供应的因素为独特和制约，无形资源是基于隐性知识或专门技能。因此，作为竞争者的障碍，这种资源在企业中也是竞争优势的来源。从物流服务的基础或能力看，有些第三方物流通过运输工具、仓库和配送活动等方式将完整的第三方物流服务提供给客户，此类第三方物流主要依靠可被操控的资源或者物质资产服务于客户。第三方物流物质资产的投资往往较大，或者说在从事物流金融性服务的过程中，第三方物流凭借的基础仍然是物质资产，基于物质资产性运营衍生出了金融性业务，比如，通过仓储管理和运输配送来带动金融活动。对于另外一种第三方物流的状态，其虽然也利用资产性的投资进行了运营，但发挥了更重要作用的是知识智慧，第三方物流提供了加速库存周转、流程优化和供应链系统改进等这类具有高度智力的服务，带动了金融性业务，并且管理了相应的风险。在这种状况下，客户评价的基础已经超越了资产的大小或数量，看重的是第三方物流拥有的具有高度增值能力的知识智慧的程度，与此同时，第三方物流也具备了知识型运行的特点。规模经济指的就是生产能力在一定水平下扩张，但其长期平均成本处在下降的状态，导致长期成本曲线呈现出下降态势，它是工业结构中的一大关键要素。在物流产业中，它表现为经营范围和数量增加所引起的费用下降和收益实现。具体结合第三方物流的产业组织特点来看，有些寻求区域市场或者局部市场运作的第三方物流，其运作方式的特点并不是追求规模经济，而是为了获得局部优势，在特定市场经营，关键要素是网络覆盖的广泛性，网络覆盖和规模经济的实现就是其竞争优势的获得。物流与供应链金融可以视作是物流企业和金融机构之间的合作，在运作过程中，供应链向客户提供结算服务。银行与其他金融结构和物流企业之间依靠共性连上的商品采购、企业现金流投资和销售资金返还等业务的物流与现金流的封闭式管理或者锁定控制的方式，凭借其在物流企业与银行的监控下的资本与商品的贸易流转，企业可形成循环现金流，从而成功地实现对信贷的还款。由此可见，物流和供应链金融与传统意义上的信贷业务之间存在着很大的区别，它不仅关注企业的净资产、规模和负债率等基本信息，更重视由供应链交易信息衍生出来的信息，如产品的价格变幅、整个供应链条的风险、交易产品的供求关系、对手的实力与信誉情况以及融资主体的控制与监督力度等。供应链金融在物流领域早已发展成了一种新型的融资模式，极大地推动了行业发展。依靠供应链金融这一方式，大大地减少了物流企业处理融资问题的时间。物流金融的本质规律和其相应的基本运营形态在第三方物流的分析中有重要作用，不同的第三方物流状况，决定了其在供应链金融中的作用。银行、物流企业和供应链上的企业对这类业务感兴趣，它可以造福于所有参与者，物流与供应链金融可以说是一个真正的双赢模式。与传统的借款企业和传统的银行质押贷款中的银行之间的关系不同，供应链金融和物流之间的关系因为物流企业的加入，逐步形成了物流企业、银行和借款企业的三方关系。实际上，物流和供应链金融虽然有着十分广阔的发展空间，但是其和别的新式东西相同，它们也需要政策与制度方面的支持，依靠多种形式持续健全的风险管理，从而提升运营效率。

参考国外发达国家的供应链金融发展经验，美国最大的供应链金融服务提供商是 UPS（United Parcel Service）集团，它作为一家第三方物流企业，在供应链中发挥着不可替代的作用。我国的物流行业发展也十分迅速，涌现了一大批第三方物流供应链金融服务提供商，这其中有顺丰、怡亚通等。不同的供应链金融模式有不同的适用情况，也有不同的优势与短板，怎样才能选择一个效率最高、整体收益最大的模式，成为越来越多学者关注的热点问题。随着我国供应链金融市场的不断扩大，各种商业银行、核心企业、物流商和第三方平台纷纷加入战场，提供了各自的供应链金融服务，竞争进入了白热化阶段。相比较于其他企业，物流企业在大数据收集、货物存储和货物监管方面具有天然的优势，以物流商为主导的供应链金融模式一定会在未来的供应链管理中大放异彩。

第二节　大型物流企业开展供应链金融的现实基础

虽然供应链金融理论上能够通过上下游企业的合作关系推动融资服务的供应链化，但在具体业务中仍面临资信审核、质押物监管等一般性的风险规避措施难题，商业银行对上下游企业的流动资产进行抵押监管需要承担巨大的交易成本，如何对中小企业的库存等流动资产进行有效监管是供应链金融能否顺利开展的关键，在借贷双方需求的推动下，流动库存的实际运营方成为供应链金融的重要一环，因此，在供应链金融的贸易背景下，商业银行同物流企业具有天然的价值契合点。表现为如下几点：

1. 第三方物流企业的客户与供应链上的其他客户紧密联系

近年来，物流产业飞速发展，在各个企业主体与金融机构的联系中发挥着不可替代的作用，第三方物流企业正在走进市场大潮，扮演着重要的角色，为众多的生产企业和代理商等提供物流运输和信息加工等服务，各种各样的原料、物资和商品等通过第三方物流企业进行周转、集散，第三方物流企业成为了一个货物传输媒介，这种媒介作用使物流企业能够同多种企业、多类行业建立联系，从而服务多条产业链，并同银行等金融系统建立联系，发挥自身的纽带作用，将银行信贷系统同链条内的企业联系起来，为中小企业提供融资服务。

2. 相比于核心企业，物流企业具有更强的供应链管理意识

从目前来看，第三方物流企业已经成为中小企业融资的最佳合作对象。物流企业具有更强的供应链管理意识。以核心企业为基础的供应链系统，核心企业基于自身的主导地位与关键作用，在供应链运行过程中掌握了大部分主动权，可能会出现以牺牲链条内其他中小企业的利益而满足自身利益的不道德行为，例如，为了解除债务负担，延迟存货，实行供应商管理库存的模式，由于资金无法及时、有效回收，利益受到损害，特别是在复杂、严格的融资环境中，如果供应链金融成本过高，会影响链内企业的融资参与积极性，会出现自愿放弃参与供应链金融的状况。虽然，很多供应链中的核心企业已经完善了信用管理体制，但由于它们缺少团队协作精神，打消了供应链成员企业的积极性。这样就很容易造成供应链的松动，内部缺乏明确的权责划分，成员企业的利益无法得到保证，即使在自身资金出现问题向核心企业寻求帮助时，核心企业也会以维护自身利益为重，很难向成员企业伸出融资帮助。

与此相对应的外部物流企业则凸显出优势，因为物流企业是一个管理规范、机制健全的经济组织，而且其经营性质也较为特殊，能够同供应链内的任何成员企业建立密切的关系，从成员企业中获得经营业务和经济收入。物流企业与各成员企业之间是平等互利的，不存在领导、支配或倾轧的关系，缺少任何一方，对方的业务都会减少或经营受限，其经济利益都会受到影响，在合作中，物流企业一方面担负着货物流通的任务，另一方面在供应链内部企业间发挥着信息沟通、结算交流和促成交易等作用，物流企业的这些地位和作用彰显

了融资功效。

3. 物流企业拥有更高的供应链合作利益

同供应链中的核心企业相比，物流企业通过同链内企业合作，得到了大规模的业务量与经济收益，第一，通过服务链内成员企业的融资，能够包揽其物流业务，全面确保业务量。第二，为了履行物流任务，同链内各成员企业之间会有必要的存货、应收账款以及订单等，这些都可以作为融资的物质保障，不仅有效控制了融资风险，而且物流企业还从中获得了额外收入，具体包括信息咨询收入、配合银行系统所得到的业务收入等，这是对供应链中资金流、物流与信息流等的总体整合，物流企业在整个过程中获得了超高收益。总的来说，物流供应链金融不仅能够为物流企业自身创汇，还实现了融资的稳定性，具有两全其美的效果。

4. 物流外包已经成为现代企业扩张到特定发展阶段的趋势性选择

面对这一趋势，依托主业项下的物流管理职能，引入金融增值服务来吸引外包业务，完全可以成为第三方物流企业的一种有效竞争策略。在这种策略下，物流企业的资源投入并未增加，但是可以获得物流和动产监管的双重收益。

第三节　大型物流企业的供应链金融模式

在初始的供应链管理当中，第三方物流企业只对商业银行提供相应的义务支持，例如，在中小企业向商业银行融资时，银行委托第三方物流企业对相应贷款的抵押物和质押物进行保管和监督等，除此之外，还有一些优化授信效率等相应服务，第三方物流并不直接参与供应链金融的融资业务。那是因为我国当时的物流业发展还不完善，整个行业的标准杂乱无章，管理信息系统也不够完善，无法对货物流转和客户交易信息数据形成有效的收集与分析，还不具备开展供应链金融的基础。近年来，随着物流行业和互联网技术的迅猛发展，涌现了一批管理规范、信息管理系统先进和资金实力雄厚的物流龙头企业，如顺丰、怡亚通等，越来越多的物流企业开始加入到供应链金融管理服务提供商的行列中来，形成了一批以第三方物流为主导的供应链金融融资模式，解决了许多中小企业融资困难的问题。

一、基于第三方物流企业的供应链金融的主要服务模式

供应链金融模式分类是供应链管理的一个部分，是服务和技术方案的结合体，将需求方、供应方和金融服务联系在一起，本质上是一种短期融资行为。供应链金融能够化解传统金融视角下所存在的信息不对称、信用风险高、道德风险大及成本收益不经济的弊端，是一种更为高效的融资模式。对物流行业而言，供应链金融在该领域的探索和实践最为丰富，并诞生出与之相关的物流金融、物资银行等概念。在现代新的物流供应链金融模式下，第三方物流发挥了重要作用，在交易双方之间承担着重要的金融媒介和管理职能。目前，在物流行业的供应链金融模式中，第三方物流所推动的融资模式有着不同的形态，主要包括代收货款模式、托收模式（融资中介模式）、授信融资模式和完全自营模式四类。

（一）代收货款模式

在代收货款模式中，物流企业的信用很关键，基本运作方式是物流公司为企业提供产品运输服务，并在运输完成后负责代替供应商收取货款，然后将货款支付给供应商，并从中收取一定的服务费，金融机构可以在其中为物流企业提供融资。在这种模式中，第三方物流企业在将货款支付给供应商之前，此笔资金有一个沉淀期，相当于获得了一笔无息的沉淀资金，这也可以作为第三方物流企业利润的一部分，因此，对第三方物流企业而言是有利的，同时，客户也获得了高效便捷的物流服务。这种模式的风险在于物流企业自身的风险，尤其是道德风险，即供应商面临着物流企业跑路的风险。整个业务过程相对简单。

（二）托收模式（融资中介模式）

这种模式一般适用于那些具有巨大仓储面积的第三方物流公司，这些物流公司在提供物流服务的同时也提供一定的仓储服务。供应链中的上下游企业在交易过程中货物始终储存于物流公司的仓库中，凭借货物的质押，供应链中资金短缺的企业可以向物流企业申请一定的资金，待资金回笼以后再向物流企业还款，物流企业会收取相应的融资费用。这里融资方并不仅限于分销商，供应链中的供应商也可以凭借其储存在第三方物流公司仓库中的货物向物流企业融资。

1.融通仓模式

众多企业面临着原材料和产品因季节性或批量性原因所造成的库存压力，

这些存货积压在仓库，大量占用资金并消耗高额的仓储成本。企业为获取资金，通过融通仓模式将大量积压的产品作为动产质押给金融机构以获得资金，从而加速周转。融通仓模式的进化版本，即由于金融机构不愿意耗费成本对仓库进行监管，于是将存货作为反担保质押物，通过物流公司的信用担保实现贷款，由物流公司负责控制质押物。

2. 托收模式

在运送货物的过程中，第三方物流要取代提货人，率先将一半货款付给供应商，一旦收到货，提货人应向供应商支付货款。基于这种形态出现了一种演变，为了消除因垫付货款给第三方物流公司带来的资金占用问题，金融机构收到了发货人的货权，金融机构提供融资是依照一定比例的市场情况，当拿到提货人偿还的货款以后，金融机构把交付货物指示发送给第三方物流，提货人拿回货权。这样一来，物流企业的角色从原来的商业信用主体变为向金融机构提供货物资料，进行货物运输，帮助控制风险。托收模式可以消除发货人资金积压的问题，也可以规避发货人与提货人的风险，客户群基础越来越稳定。

（三）授信融资模式

这种模式适用于管理制度规范、管理信息系统先进和拥有良好资信水平的实力雄厚的第三方物流公司。金融机构对物流企业所处的供应链环境进行全方位评估，在不需要提供抵质押物的前提下直接提供信用贷款，提高融资效率。物流公司凭借自身的信用，向金融机构申请贷款，金融机构对第三方物流机构授信后，再由物流企业自行安排供应链中各融资企业的授信额度。整个过程分两步，第一步是金融机构对第三方物流企业的授信，主要对物流企业的财务状况、经营水平和现金流等情况进行综合考量，确定相应的授信额度。第二步是第三方物流企业通过自身的信息管理系统对融资企业的综合状况进行分析，主要包括但不限于融资方当前业务的开展情况、财务状况、现金流和合作年限等众多因素，确定相应的融资方的授信额度，再将从金融机构得到的贷款按照不同的授信额度向下分配，这种模式的好处就是银行和物流企业都能很好地控制自己的风险；坏处就是通过层层授信，各级都要保证一定的利润，融资费用比较高。

（四）完全自营模式

完全自营模式就是指第三方物流企业利用自有资金成立自己的全资子公司，再通过自身平台对供应链中的资金需求企业提供融资服务，不再依靠外界的金融机构，这对于物流企业的规模、实力、资金流和风控体系都是不小的考验。第三方物流作为一个交易支付桥梁，连通了供应链中的上下游企业，其主要过程是：下游企业群在向上游核心企业采购货物时，由第三方物流企业的自身金融平台向上游企业先行垫付货款，第三方物流企业再与下游企业群分批进行货款结算。这种模式的好处在于，资金周转较快，上游企业回款较快，可以优先发货，为下游企业缓解了一定的资金压力，实现了供应链中的多赢，同时也加快了存货周转率，提高了供应链的整体效率。这种模式可以被看作是供应链金融成熟度最高，同时也是要求最高的模式。

二、基于第三方物流企业的供应链金融模式的分析

在供应链金融融资业务中，第三方物流企业负责供应链金融模式下与物资有关的一切工作，基于第三方物流企业视角的融资模式主要有存货质押融资模式、预付账款融资模式和应收账款融资模式。

（一）存货质押融资模式

中小企业与银行和核心企业签订协议，利用原材料或库存产品进行抵押，物流企业负责监管和审核质量，这种融资模式是将库存产品的货权进行转移，并不影响中小企业对产品的所有权，这在一定程度上盘活了中小企业的库存资产，为第三方物流企业提供了新的利润点（见图5-1）。

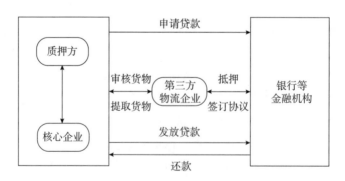

图5-1　存货质押融资模式流程图

（二）预付账款融资模式

在供应商同意并保证回购的前提下，中小企业为保证生产的顺利进行，与

核心企业达成协议，向银行申请贷款，以抵押仓单的形式获得融资，此时，银行委托第三方物流企业监督管理货物。这种形式保证了中小企业和核心企业的批量销售，解决了中小企业所面临的货物积压的问题（见图 5-2）。

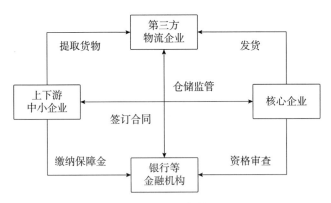

图 5-2　预付账款融资模式流程图

（三）应收账款融资模式

基于和核心企业签订的买卖协议，中小企业通过抵押应收账款单据，向银行申请融资，核心企业向银行提供保证完成付款的证明，实现中小企业融资，中小企业顺利购买原材料完成生产，提交货物，此时，核心企业销售货物，缴纳账款，完成整个环节。其中，第三方物流企业为整个融资环节提供担保，增加了规避风险的保障（见图 5-3）。

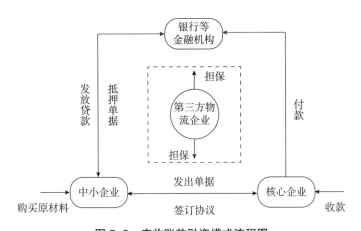

图 5-3　应收账款融资模式流程图

三、基于第三方物流企业的融资模式分类

基于前文对供应链金融理论的分析和第三方物流企业的供应链金融业务实践可知，第三方物流企业能够参与并推动供应链金融的原因在于其独特的优势，广大急需授信的中小企业拥有物资融通和存放质押保管的业务特点，这种流动资产的质押是第三方物流企业参与供应链金融的重要抓手，沿着这一思路，按照融资使用的质押对象，将第三方物流企业融资模式分为三种基本类型，即存货质押模式、预付款质押模式和应收账款质押模式。

（一）存货质押模式

1.广义的存货质押模式

（1）概念及内涵。广义的存货质押模式是指借款企业以库存物资作为质押向商业银行提出融资需求，商业银行委托第三方物流企业对质押物进行监控，实现对质押物所有权的占有。该模式的参与主体主要包括借款企业、商业银行和第三方物流企业。通常情况下，借款企业将存货物资放在商业银行指定的第三方物流企业的仓库中，由物流企业代为保管，借款企业销售存货后，购买方直接将货款支付到借款企业的指定银行账户中，商业银行通过货款冲抵前期的融资借款。借款企业的存货主要用于销售或生产，如果将货物全部放到商业银行指定的第三方物流企业的仓库，则会增加借款方的货物物流成本，因此，第三方物流企业可以根据借款企业的生产和销售特点，有针对性地进行当地或异地监管，通过该种方式最大限度地降低监管成本和物流成本，使借款企业不会因存货融资的方式而大幅增加成本，实现整个供应链成本的最优化。总之，无论采取何种监管方式，第三方物流企业都可以作为商业银行的代理方对借款企业的物资进行有效监管，同时，由于中小企业的规模较小，可以质押的存货较少，商业银行通过存货质押方式对借款企业进行融资时，往往选择相对较大的借款企业作为其主要客户群体，以此降低单笔业务的成本，并提高业务收益率。广义的存货质押模式如图5-4所示。

（2）模式特点。广义的存货质押模式的特点是参与主体较少，一般只包括借款企业、商业银行和第三方物流企业三方，为保证业务收益率，商业银行一般选取规模较大的企业作为合作对象；缺点是质押物的价格会随市场的变化而变化，质押物的价值总量也随市场的波动而发生波动，一旦市场价格出现大幅下行，质押物的变现能力将受到影响，给商业银行带来较大的市场风险，因

此，商业银行在选择合作对象和质押物品时，通常要对货物的品类、合作期内物品的市场走势等有科学合理的研判，确保合作期内的最低收益能够覆盖成本，保证业务的收益率。

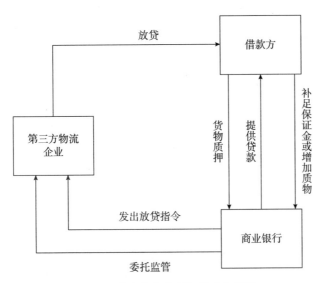

图 5-4　广义的存货质押模式流程图

（3）模式流程。广义的存货质押模式的流程如下：①商业银行、仓储公司与客户三方签订《仓储监管协议》。②客户将货物质押给银行，由银行指定的三方仓储公司进行监管。③商业银行为客户提供贷款。④客户补充保证金或补充同类质物。⑤商业银行向仓储公司发出放贷指令。⑥客户向仓储公司提取货物。

2. 狭义的存货质押模式

（1）概念及内涵。狭义的存货质押模式是指商业银行以核心企业为切入点，通过上下游企业的销售合同实现关联方的责任绑定，对供应链上下游企业提供融资服务。在供应链管理阶段，多数大型生产制造企业已经采取精益生产模式，要求供应商提供 JIT（Just In Time）模式以降低库存，对于远距离供货企业，则必须根据核心企业的销售预测及时调整生产方向，并提供一定数量的安全库存进行周转。这部分安全库存事实上占用了供应商的资金，影响了供应商的资金周转天数，针对这种业务模式，商业银行将供应链上广泛存在的中小企业的库存作为质押物。

（2）模式特点。狭义的存货质押融资模式的特点主要表现为参与的供应链成员企业较多，商业银行能够对成员企业进行针对性的遴选，借款企业的回款有安全保障，质押物的价格相对稳定，质押物的变现能力较强，第三方物流企业参与管理的风险可控。狭义的存货质押融资模式如图5-5所示。

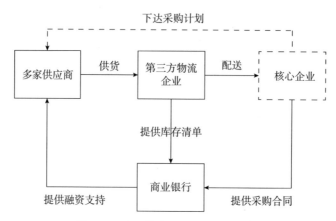

图5-5　狭义的存货质押模式流程图

（二）预付款质押模式

1. 概念及内涵

预付款质押模式主要是指依据供应链核心企业的信用度，通过对第三方物流企业的有效存货监管，具有融资需求的中小企业凭借商业银行指定的第三方物流仓库仓单向银行进行存货质押，来缓解企业的预付款压力，同时，商业银行通过控制货物的所有权来实现融资对接的业务模式。预付款质押融资模式广泛应用于核心企业向中小企业经销商融资的过程，用以解决经销商商品采购环节资金短缺的问题。预付款质押模式如图5-6所示。

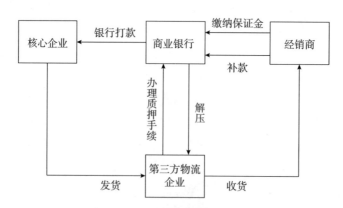

图5-6　预付款质押模式流程图

2. 模式流程

预付款质押模式的业务流程如下：①经销商同核心企业签署采购合同，同商业银行签署回购合同。②经销商同商业银行签署质押合同，同商业银行指定的第三方物流企业签署质押合同。③经销商向融资银行交付一定比例的保证金。④商业银行在收到经销商的保证金后，开出承兑汇票给供应链核心企业，或直接将货款划拨到核心企业在商业银行的指定账户上。⑤核心企业在收到商业银行承兑汇票或拨付款项后，根据协议约定，在合同约定的时间内，将合同对应的货物送至商业银行指定的第三方物流企业监管仓库内。⑥第三方物流企业将既定仓单等商业银行指定的物权凭证质押给商业银行。⑦经销商根据同核心企业的合作约定及时补款提货，直至补足全额保证金。⑧商业银行收到补款后，向第三方物流企业发出放货指令。⑨第三方物流企业根据商业银行的放货指令将货物放给经销商，完成一轮业务合作。

3. 模式特点

预付款质押模式的特点主要表现在以下几个方面：①预付款质押模式属于贸易汇款项下的融资范畴，是货物发运前商业银行向经销商提供的融资服务，满足了经销商的融资需求。②对商业银行来讲，不同于广义的存货质押模式，预付款质押模式加入了核心企业和第三方物流企业，核心企业考虑到自身的利益，对经销商的准入门槛进行限制要求，对经销商的资质实力进行充分的认证评估，进一步降低了商业银行的风险。③对经销商来讲，凭借真实的贸易背景和销售合同，依靠核心企业的资信，能够获得商业银行的定向融资支持，缓解经销商通过自有资金全额购货的资金压力。④对核心企业来讲，凭借商业银行的授信，能够将经销商纳入自身的销售网络当中，对稳定并进一步拓展销售渠道，构建以核心企业为主导的销售网络有重要意义。

（三）应收账款质押模式

1. 概念及内涵

应收账款质押模式主要是指供应商以核心企业的应收账款凭证为质押担保物向商业银行提出融资需求，商业银行审核无误后，向处于供应链上游的供应商提供期限不超过 3~6 个月的短期融资贷款，在应收账款质押模式中，参与主体主要包括上游供应商、商业银行和核心企业等。对于应收账款质押，商业银行一般将上游供应商的销售收入和下游核心企业的应收账款还款作为还款来源。应收账款转让融资业务的第一还款来源是供应链下游企业付给商业银行的应收账款，第二来源为供应链上游企业的销售收入，应收账款融资还可以引入第三方物流企业进行信用担保。在应收账款融资模式中，商业银行对供应链下游核心企业的经营业绩、还款能力及整个供应链的运作状况进行风险评估，借助核心企业良好的企业信用和较强的还款能力，使商业银行的授信风险得到有效规避，该种模式适用于资金紧张的上游供应商。应收账款质押模式如图 5-7 所示。

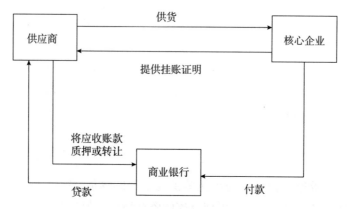

图 5-7 应收账款质押模式流程图

2. 模式流程

应收账款质押模式的业务流程如下：①供应商同核心企业签署供应合同，向核心企业供应产品。②核心企业接收货物后开具发票和挂账证明。③供应商将应收账款质押或转让给商业银行。④商业银行将货款拨付给供应商。⑤核心企业按期付款给商业银行。

3. 模式特点

应收账款质押模式的特点主要表现在以下几个方面：①借助核心企业的评估，商业银行改变了对传统单一借款企业的风险评估，借用核心企业的信用，减少融资风险。②该模式针对性较强，且融资周期短，能够提高资金的使用效率和利用率。③拓展了商业银行对中小企业的融资渠道。

四、基于第三方物流企业的融资模式发展分析

供应链金融业务的最大特点是对授信条件的大胆改变，打破了以往的以有形资产和固定资产为抵押才能贷款的硬性规定，以处于正常贸易流转状态、符

合质押品要求的物流产品质押为授信条件。供应链金融业务将经济活动中所有的供应、生产、销售运输、库存及相关的信息流动等活动视为一个动态的系统，通过现代化的信息管理手段，对企业提供支持，从而使产品的供销环节最少、时间最短、费用最省。面向物流业的运营过程，发展物流金融。物流金融是指在现代物流供应链业务活动中，运用金融工具使物流产生的价值增值的融资活动。物流金融业务允许中小企业将原材料和在市场上经营的商品作为质押进行贷款，解决企业规模经营与扩大发展的融资问题，有效地盘活沉淀的资金，提高资金的流转效率，降低结算风险，最终提高经济运行质量。

我国物流金融的主要模式包括代客结算业务和融通仓业务。代客结算业务由垫付货款和代收货款模式构成。物流金融有垫付货款、仓单质押和保兑仓三种主要模式。物流运作中的融资服务是银行介入物流企业的突破口。现阶段，银行对物流企业提供的融资服务有仓单质押贷款、融通仓和银行保理三种。仓单质押贷款是客户将流通中的商品储存于仓库中，然后凭借仓库开具的仓储凭证向金融机构申请贷款的一种融资模式。融通仓是一种物流和金融集成的创新服务，融通仓服务不仅可以为企业提供高水平的物流服务，还可以为中小型企业解决融资问题和企业运营中现金流的资金缺口。保理业务是指销售商在以挂账、承兑交单等方式销售货物时，保理商购买销售商的应收账款，并向其提供资金融通、买方资信评估、销售账户管理、信用风险担保和账款催收等综合金融服务。健全政策法规，构建物流金融环境。建立企业信用制度，完善风险预警的基础条件。在实际操作中，为降低金融风险，金融机构要了解借贷物流企业的抵押物、质押物的规格、型号、质量、原价和净值，销售区域及承销商等，要察看凭证原件，辨别真伪，同时实施有效的过程监控；规范行业行为，完善政策法规；加大执法力度，严肃查处违法违规行为。

中小物流企业的物流金融模式与发展中小物流企业的物流金融模式主要有：应收账款融资服务模式、存货融资服务模式，包括保兑仓融资模式和融通仓融资模式。物流企业提供了供应链金融服务平台给供应商，既可以为供应商融资提供服务，又可以通过规模效应和大数定律为银行信贷服务降低系统风险。对中小物流企业而言，物流银行业务的作用主要体现为物流银行能以标准化、规范化、信息化的服务优势，为制造企业和经销商提供融资、资金结算等业务支持，有效地促进企业销售，加快商品周转，拓展市场份额。物流银行可以帮助企业迅速建立销售、配运网络，提供集融资、资金结算、物流配送和仓储监管为一体的综合金融服务解决方案，让其迅速扩展至全国分销网络。物流银行还可以增加企业的流动资金，降低其营运成本，提高效率，扩大销售，提升竞争力。物流银行还可以通过动产质押贷款为它们解决库存资金占压问题，扩大销售。全洲物流港所推出的物流银行业务的最大特点是既可以解决融资难题，又能比传统的融资低一倍以上的成本。该业务目前已被很多中小商贸企业所认可，已被不少入驻的中小企业列为融资的重要渠道之一。

物流金融创新，提高了中小物流企业的核心竞争力，金融工具的不断创新，极大地推动了物流业的现代化进程，解决了企业的资金沉淀，为中小企业的发展拓宽了融资渠道。物流金融业务允许这些中小企业将原材料和在市场上经营的商品作为质押进行贷款，盘活沉淀资金，提高资金的流转效率，降低结算风险。通过规范管理制度和采用新的管理工具来有效控制风险，促进中小企业的活跃与发展。利用现代信息技术，加快物流金融的全球化进程，必须改变我国物流业市场主体规模较小、基础设施不太完善的现状，建立和完善全国统一的电子支付系统和物流配送体系，提高投资回报率，增强物流的发展后劲，尽快缩小与西方发达国家物流配送体系的差距。网络银行以及电子化结算手段是金融电子化的最新发展产物，用户可以不受时空限制地享受全天候的网上金融服务，有利于物流金融不断实现证券、资本和金融全球化，拓宽了物流金融的融资渠道，提高了中小物流企业的竞争能力。现代物流为银行业提供了新机遇，带动了金融制度、监管和组织创新。积极开展物流金融业务，带动第三方物流企业迅速发展。开发新的金融产品，创设物流银行业务。通过现代化信息管理为物流企业提供金融支持，减少产品供销环节，达到时间最短、费用最省的目标。供应链上的中小物流企业在信息采集、分析和处理上具有独特的优势，要减少交易成本，实现物流和资金流的有机结合。要对应收账款融资、订单融资和存货质押融资进行有机衔接，提供给客户越来越集成化的优质服务，建立规避和分散物流融资风险的机制，改善中小物流企业的融资服务。

为解决中小物流企业的融资难题，企业提出了如下对策：①培育良好的社会信用体系和执法环境，改善中小企业信用环境和金融服务环境。②建立适合中小物流企业特征的间接融资市场体系。③建立多层次资本市场，完善中小企业的直接融资体系。④引导和规范民间金融活动，拓宽中小企业的民间融资渠道。⑤中小物流企业自身应致力于提高内部管理水平，采取正确的融资策略。

第四节　大型物流企业的供应链金融模式的风险分析

关于物流行业开展供应链金融的风险研究，众多学者重点对供应链金融过程中可能存在的风险进行了深入探究。东方（2011）认为物流企业的风险主要来自于融资企业的资信风险、质物选择、自身监管技术、内部管理和操作等方面；夏司炫等（2012）将风险归结为经营风险、道德风险和法律环境风险；朱广印（2014）认为物流企业在开展供应链金融业务的过程中存在着法律风险、信用风险、市场风险和操作风险等。对于如何防范和化解供应链金融过程中存在的风险，相关研究也提出了可行的建议，如有学者指出可以通过规范化的风险管理制度和管理信息系统等管理手段加以有效控制（唐少麟、乔婷婷，2006），当然，这只是措施之一。

供应链金融业务主要有四个主体，包括银行等金融机构、中小企业、第三方物流企业和核心企业。第三方物流企业主导的供应链金融在快速发展的过程中，面临着多种风险。从第三方物流企业的角度来看，主要有四种风险。

（1）运营风险。第三方物流企业在供应链金融中扮演着监督管理的角色，是金融机构和企业信息流通的及时性和真实性的保障者。如果物流企业出现管理不善、徇私舞弊的现象，那么信息问题、货物问题等就会使整条链崩溃和瓦解的可能性加剧。

（2）信用风险。在和金融机构合作的过程中，供应链金融是整体承担风险、分散风险，中小企业自身的财务管理程度低、信息披露少、抗压能力也较差，如果这些企业出现违约，物流企业就会面临信用不佳带来的风险，并且在供应链金融融资模式中，信用问题是较突出的，要预防和控制其造成的影响，第三方物流企业和金融机构就必须客观、全面地了解这些中小企业的融资交易和用途等信息。

（3）操作风险。操作风险就是指第三方物流企业在为核心企业、中小企业服务时，出现监管不周、合同违约的情况，甚至出现金融机构内部信息管理问题以及自然灾害的破坏等，导致蝴蝶效应。因此，在供应链金融业务操作中，要实行相互监管制，对企业的资信情况进行严格审查，在后期资金发放时，信息透明度要高，以避免操作风险的产生。

（4）法律风险。第三方物流企业与金融机构合作开展的融资业务需要遵守相应的法律条例，一些交易活动要进行合同签订，因不可控因素违约给第三方物流企业和金融机构带来的损失，就是法律风险。因为供应链金融服务的参与方较多，涉及多个主体，而这一创新的融资模式尚处在摸索发展阶段，配套的法律法规尚未完善，因此，审批环节要对货物所有权进行严格审核，尽可能避免这一风险的产生。

一、物流仓储企业存货质押融资的风险来源

（一）物流仓储企业与银行

（1）交易前：物流仓储企业信用风险。存货质押融资模式的前提是银行愿意授信，所以银行需评估物流仓储企业的信用风险。信用风险评估的关键包括物流仓储企业的专业水平；合作历史；企业的违约赔偿实力。

（2）交易中：物流仓储企业运营风险。物流仓储企业作为被委托方，主要负责监控质押物，向银行汇报质押物的情况，听从银行指示调度货物出入库，主要根据物流仓储企业的经营状况和管理水平来衡量风险。

（3）交易后：银行操作风险。银行对物流仓储企业可能会造成具体操作风险，需要防止银行内部人员的操作失误或内外勾结的欺诈，尤其是要注意质押物价值的评估。流程风险是融资业务因流程信息化和标准化水平低而产生的信息不对称等情况，会损害企业利益。

（二）物流仓储企业与中小企业

（1）交易前：中小企业资信风险。我国中小企业的财务制度不健全、企业信息透明度低等原因导致资信低，限制了其有效融资。物流仓储企业为其担保并确定授信额度，风险巨大，必须关注其信用状况、财务状况和发展前景。

（2）交易后：存货担保变现风险。市场变化的不确定性，供需环境的转变都会导致货物价格不稳定，继而牵连质押物价值，引起抵押风险。如果中小企业以次充好，质押物的合规性和变现能力等选择不当或操作失误，会导致物流仓储企业受到影响和损失。

（三）交易阶段共性风险

①法律风险。法律环境关系到业务的开展能否得到法律的认同与保障，在我国开展存货质押业务是有法可依的，有《物权法》和《担保法》。物流仓储企业面临着不少法律漏洞风险，如法律对仓储方赔偿责任的效力未准确规定。②市场风险。市场环境关系到市场对该业务的需求大小，包括宏观环境和经济政策，宏观市场环境的稳定性决定了企业的日常经营活动。物流的经济政策包括物流企业的技术改造财政补贴、仓储用地的价格优惠和优先用地资格等，它能够正确引导行业在国家预估的方向上发展，所以，市场环境也是风险因素。

二、物流仓储企业存货质押融资的风险控制

（1）在物流仓储企业与银行交易阶段，存货质押融资业务的最大目标就是从银行获得授信和融资，所以，物流仓储企业必须经得起银行的资质检查，并且要防止自身不足所导致的风险。物流仓储企业需要完善自身的软硬件条件，从内部设施设备、员工管理到外部行业地位等都要内外兼修。合作的银行对物流仓储企业的资质检查主要体现在质押物的评估方面，平时要做好市场信息的收集和整理工作，完善质押价值的科学计算方法，根据实际情况确定好贷款比例。

（2）在物流仓储企业与中小企业交易阶段，对于长期合作的中小企业，物流仓储企业对其资信状况和业务状况比较了解，因此，侧重于对质押物的合法性考察；对于非长期合作的中小企业，需要了解其偿债能力和营运能力等，若资信状况不好，应拒绝合作。质押物风险最易出现，物流仓储企业必须重视从质押物的选择、质押物价值核定到质押物监管交付的每一个环节。企业要加强监管水平，提高技术手段和积累管理经验。

（3）在交易阶段，物流仓储企业无法掌控，只能识别和规避法律和市场潜在的风险。物流仓储企业应该发现和避免法律漏洞，完善内部管理制度。市场环境需要物流仓储企业根据市场行情制定方案，并进行选择。

三、第三方物流企业融资业务的风险及控制

供应链金融是需要中小企业、商业银行、核心企业和第三方物流企业等主

体共同参与完成的融资过程，业务流程和合作关系复杂，尤其是第三方物流企业的参与，有效解决了困扰中小企业的融资渠道问题，也使第三方物流的业务范围不再局限于传统的运输、仓储和配送等业务领域。供应链金融的介入使商业银行拓展了自身的业务领域，第三方物流企业提高了市场竞争力的新的起点，使物流企业在开拓业务领域的同时，也为供应链金融的创新提供了有利条件及重要基础。与此同时，该类创新业务模式也给第三方物流企业带来了前所未有的挑战和风险，深入剖析和控制这些风险是决定第三方物流企业开展业务好坏的关键。

（一）融资业务风险

融资业务风险一般包括质押物的风险、第三方物流企业的经营风险和第三方物流企业的信用风险等。

（二）质押物的风险

质押物的风险包括所有权风险、监管风险、市场风险及变现风险等。

（1）所有权风险。由于质押物在多个主体间流转，在流转过程中很可能产生合同归属的商业纠纷，目前，我国已出台的包括《担保法》在内的法律法规文件，还未对供应链金融出台指导性意见，对于供应链金融这类新型的金融和商业模式，在前期推进过程中，第三方物流企业必须在开展业务前对销售合同、发票和承兑票据等进行严格审核，明确多个业务主体的权利义务。

（2）监管风险。监管风险主要是指第三方物流企业的资信和监管实力，商业银行为规避风险，必须审慎选择实力较强的第三方物流企业来进行合作，对第三方物流的仓库管理、信息化水平和偿付能力等进行审核，并完善质押物入库及发货的风险控制措施。

（3）市场风险。市场风险主要是指质押物本身的市场风险，不同于动产质押在一定时间段内需相对稳定的市场资产价值，在商品更新换代较快的市场环境下，质押物的更新换代和因质量等问题产生的负面影响，会严重影响到质押物的市场价值，因此，商业银行在为中小企业提供融资服务时，必须考虑质押物在一定市场阶段的市场行情和发展趋势，并选择品牌知名度较高的企业来进行合作以降低风险。

（4）变现风险。变现风险主要是指商业银行或第三方物流企业在处理质押物时，有可能出现因市场行情波动或品牌受损等原因造成的质押物变现的价值低于商业银行的信用敞口，甚至无法变现的情况，为控制该风险，商业银行必须对借款企业的销售情况、产品价格和市场饱和度等走势进行监控，并建立预警红线，及时调整风险。

（三）第三方物流企业的经营风险

由于第三方物流企业在供应链金融中的特殊地位，第三方物流企业经营状况的好坏将直接影响供应链金融的运营效率，第三方物流企业的经营风险主要体现在责任缺失风险和管理体制风险等方面。

（1）责任缺失风险。虽然第三方物流企业参与了供应链金融的全过程，并提供了物流的详细数据，但数据失真的风险仍旧存在。一方面，第三方物流企业可能会为扩大客户群体、提高盈利而向商业银行提供虚假数据；另一方面，信息不对称的问题也同样存在于第三方物流企业与融资企业之间。基础数据、中间数据和分析结果三个部分组成了企业风险管理所需的数据信息。其中，基础数据是指融资企业的流动资产数据；中间数据是对基础数据的识别和分类；分析结果是在上述数据的基础上做出的分析和总结。而第三方物流企业提供的是最原始的数据，该类数据的来源和准确性都可能存在失真或者不对称的问题，应避免这类问题造成的沟通成本，甚至成本损失。

（2）管理体制风险。第三方物流企业的管理体制风险主要是指因第三方物流企业的组织架构、管理体制及监督体制不健全等情况产生的管理风险，第三方物流企业在供应链金融的环境下，较初期简单从事运输、仓储等单一的物流服务，其业务范围更加的多元化，这对第三方物流企业应对运营风险是一个较大的市场挑战。

（四）第三方物流企业的信用风险

商业银行由于对中小企业的资信情况缺乏了解，又缺少健全的信用评价体系可以参考，难以对放款的中小企业的盈利能力、偿付能力和风险程度等进行全面考量，而对于参与到供应链金融领域的第三方物流企业来说，由于有具体的质押物进行担保，对客户的资信等级和偿付能力的监控相对简单且更有保证，第三方物流企业只需要将业务聚焦在考察企业的市场销售和盈利能力上即可。

（五）融资风险控制

通过对第三方物流企业开展供应链金融业务的梳理分析，结合目前我国第三方物流企业进行供应链金融业务的现状，对第三方物流企业开展融资业务的风险管控提出以下对策：

1. 违约风险管理

物流金融业务首先要管理质押物的货物风险，具体而言：①严控合同法律风险。在实际业务中，不同的商业银行有不同的经营理念，可能会把一些物流企业无法承担的风险转嫁给第三方物流企业。质押物监管要围绕所有权检查、单据签发、签收、运输、货权释放及违约责任条款等进行。对已经签署的监管协议，要确保单货相符，单货不符意味着第三方物流企业要对商业银行承担违约和赔偿责任。②强化货物入库管理和日常盘点。具体可以细分为到货、卸货、清点、交接和存放等相关步骤，尤其是在货物进行清点和交接时要做到单货两清。盘点是仓储工作中一项非常重要的工作，在日常监管过程中，第三方物流企业一般采用日盘点的方式，日清日结，及时将质押物的出入信息与商业银行同步。③严控仓库放货程序。要采取三审三签的制度，控制放货的程序，仓库管理员要核实商业银行提货通知的真伪、客户提货要求是否符合协议的规定、库存与提货通知是否相符，然后下达放货指令。

2. 强化运营团队

建立专业的运营团队是进行风险识别和风险控制的重要条件，物流监管团队必须熟知物流金融的相关法律法规，掌握物流金融知识，熟悉有关物流运输、仓储等物流操作要求，加强学习型团队建设，不断适应市场需求变化的要求。强化专业物流运营团队的建设，要完善组织架构和规章制度，对从业人员进行包括业务管理、风险控制、操作规程和绩效考评等流程制度的培训和内化。

3. 信用风险管理

商业银行需要对合作企业的经营业绩和信用状况等多维度进行考核，具体表现为，首先要调查客户的还款资金来源和历史还款情况；其次，要对客户在履约过程中的还款能力进行识别和监控；最后，要尽量避免与有征信不良记录的客户合作，要能重点识别长期合作客户货物的合法性，如融资企业是否拥有货权，必须对融资企业与货物相关的单据，如销售合同、发票、运单及仓单等，进行严格的审核把关，以最终确认标的质押物的合法性。

第五节 顺丰速运公司供应链金融案例分析

一、顺丰公司简介

顺丰速运（集团）于 1993 年诞生在广东省顺德市，创始人是王卫，目前，总部设立在深圳。顺丰成立之初，主要是一家提供国内、外快递收寄相关业务的服务型公司。企业成立二十多年来，随着人们日益增长的需求，顺丰速运的经营范围不断扩大，由单一的快递收寄服务公司发展成一个集快递、电商、生鲜、航空、信息系统和第三方支付等多元化业务为一体的大型商业集团。早在几年前，顺丰速运就已经注册了顺丰银行、顺丰支付等金融域名，王卫正在一步步构建他的顺丰帝国。

时至今日，顺丰速运现有员工超过 12 万人，在全国范围内建立起了 10 个分拨中心，海内外营业网点突破了 12000 个，是我国民营快递行业中当之无愧的龙头老大。它作为我国民营快递企业的领军者，购买了第一架自有货机，截至 2018 年，顺丰速运的货机数量已经达到了 43 架，服务范围的全国总覆盖率在 90% 以上，同时，在美国、新加坡和日本等地都设有服务网点。

顺丰的发展历程也并非都是一帆风顺的，也经历了诸多的变革。从 1993 年成立之初到 1996 年，这段时间顺丰主要做的是往来于内地与香港之间、广东省境内以及珠三角一带的快递收寄件服务；1996 年到 2001 年是顺丰速运发展的黄金 6 年，顺丰开始走出广东省，业务范围不再只是局限于华南地区，而是将业务线铺向全国，顺丰在全国各个省市建立了营业网点，使总体的业务量有了非常大幅的上涨；2001 年到 2008 年是快递行业大整合的时期，顺丰集团在这期间抓住了机会，进行了管理优化，提升了公司内部的管理水平，致力于安全、快速、顾客至上的服务理念；从 2008 年开始一直到 2012 年，顺丰开始拉开与竞争对手之间的差距，购入多辆航运货机，成立了自己的航空运输公司，将业务范围向国外拓展，逐渐建立起一个具有国际竞争力的全球快递网络，顺丰的品牌效应开始日益明显，一直保持着国内物流行业龙头老大的地位；从 2012 年开始，顺丰进行了多元化的战略布局，开始转变经营思路，开始向众多领域延伸，供应链金融业务也在这期间得到了快速的增长；到了 2016

年，顺丰借壳鼎泰新材，在 A 股成功上市，此后，股价一路飙升，顺丰一度成为深市 A 股市值最大的公司，这意味着顺丰控股开始进入全新的发展时代。

二、顺丰第三方物流供应链金融业务模式

（一）顺丰公司第三方物流供应链金融的发展历程

顺丰金融业务的布局始于 2010 年，当年，其推出的顺丰宝业务，标志着顺丰正式吹响了向金融领域进发的号角。顺丰宝是顺丰公司自己推出的第三方支付平台，并在 2011 年 12 月成功获得了由央行颁发的第三方支付牌照。虽然顺丰的第三方支付业务没有像支付宝之类的那么普及，但是顺丰将其与自己的主营业务快递服务相融合，新注册顺丰宝用户可以获得两次一分钱寄送顺丰快递的权益，这吸引了相当多的依赖顺丰物流网络的商户和客户，也在一定程度上加强了用户的粘性。网络支付牌照的获得，不仅只是可以赚取交易的手续费，同时还可以获得用户交易习惯的大数据，对用户的交易行为进行分析。2014 年，顺丰又获得了银行收单牌照，这意味着顺丰金融进入了线下 pos 机刷卡模式，极大程度上提高了用户的付款效率，优化了用户体验。2015 年，顺丰结合易方达基金，上线了"顺手赚"业务，"顺手赚"作为一种货币基金，可以使大量闲余资金产生收益，减少了资金的闲置成本，提高了资金的流转效率，对于用户体验的提升和吸引新用户都有相当大的帮助。同年，顺丰上线了仓储融资服务和与中信银行联合推出的顺手付业务，剑指支付领域。顺丰自 2014 年开始一直在布局供应链金融，在顺丰飞速发展的二十多年内，顺丰内部积累了大量的优势，其自有的服务网络已经基本成型，该服务网络具有覆盖范围广、运转效率高、安全可靠等一系列优势，这一套覆盖全中国乃至全世界的高标准物流网络，是顺丰能够开展供应链金融的立足之本。强大的物流运送网络带来的不仅是货物运输上的便利，其在货物流转中产生的交易信息、货物流转信息、货物监管信息和上下游企业对接信息等为供应链金融的管理提供了大数据的支持，这是物流企业开展供应链金融的得天独厚的优势。

（二）顺丰第三方物流开展供应链金融服务的基础

从物流的角度来说，顺丰集团的主要业务有顺丰速运、顺丰仓储、顺丰供应链网络和顺丰旗下的 O2O 项目顺丰嘿客等，提供翔实的物流流转信息。

从信息流与资金流的角度来说，顺丰有着强大的信息管理系统，用来处理

历史成交信息、支付对价、征信水平和物流流转信息等一系列在实际贸易中积累的大数据，通过信息管理系统的收集、分析和处理，可以为供应链金融服务提供资信水平评级以及交易行为习惯的分析。

从商流的角度来看，顺丰拥有覆盖范围广、服务周到、安全可靠的底层物流服务网络，包含顺丰优选、顺丰海淘和顺丰配送中心等，这也成为顺丰能够马上开展供应链金融业务的重要基础之一。

从物流服务的角度来说，顺丰已经建立起了一个高效率、高服务、高安全性的物流配送网络，其从上门揽件、入库管理到分拣配送的一条龙服务已经十分完善，配送网络覆盖全国230多个地级市，2700多个县级市，全国覆盖率达到90%以上，强大的配送网络是顺丰提供其他增值服务的基础。而且，顺丰有非常强大的仓储系统，顺丰在全国范围内建有100多个大型配送中心，仓储面积超过200万平方米，顺丰提供的仓储服务所涉及的行业十分广泛，包括3C电子产品、生鲜、服饰、零售和日用品等。顺丰凭借其丰富的仓储管理经验和先进的仓储管理系统，将货物的批次号、保质期、数量和规格等一系列信息都标注清楚，进行管理，使货物存放非常有序，这也使其在供应链金融中推行仓储融资模式具有先天的优势。在物流流转速度上，顺丰也处于行业领先水平。顺丰是我国自有货机最多的物流公司，其不断开辟重点城市之间的特殊物流路线，推出了当日达、次日达、顺丰空运等一系列的服务，在时效性上遥遥领先于其他公司。

再从安全性的角度来看，顺丰是一家强调快递安全的企业，其货物丢损率处于行业领先水平，这些都是顺丰能够顺利开展供应链金融的保障。

从信息化建设的角度来看，顺丰配备了当今行业内最为先进的设备，普通快递配送员都配备有HHT手持终端，随时可以对订单进行查询与处理；同时在分拣中心装有半/全自动系统，相当大的程度上提高了分拣效率；而且顺丰建有呼叫中心、客户服务质量监控平台、GPS全球定位系统、灾备中心和客户关系管理系统等一系列先进的信息化系统，信息可以在各个系统之间共享，各个系统可以对货物从下单到配送的整个过程实现随时查询、随时跟踪和随时监控，这使顺丰在业务处理过程中积累了大量的相关数据，有助于顺丰对供应链金融进行大数据分析，更好地去了解各个客户的详细资料和实际需求。顺丰公司信息化的系统可以在很大程度上降低管理层级，实现扁平化管理，节省大量管理费用，同时在GPS系统的帮助下，可以更好地规划物流配送路线。顺丰的信息化管理改革成功使其运输成本减少了25%以上，此外，顺丰还将其信息系统与电商平台的信息系统实行连接，大幅增加了网购客户，使全年的网购收入增长了近七成。

将上述的一切优势资源整合在一起，使顺丰具有足够的资本开展供应链金融服务。顺丰将商流、物流和信息流相融合，不仅可以提升整个供应链的运转效率，还可以为中小企业提供融资贷款，对自身发展也有很大帮助。

（三）顺丰第三方物流供应链金融业务模式

目前，顺丰供应链金融产品主要有四个：基于货权的仓储融资、基于客户经营条件与合约的订单融资、基于应收账款的保理融资以及基于客户信用的顺小贷。

1. 仓储融资模式

仓储融资模式基于顺丰宽广的仓储面积和高效率的信息交流网络，顺丰集团在全国范围内有上百个仓库配送中心，超过 200 万平方米的仓储面积，并且在各个仓储配送中心都有强大的信息网络，各个仓储中心都可以实现信息实时交流、货物流转及时调配。同时，顺丰在仓储管理方面也有着丰富的经验，这是顺丰开展分仓备货与仓储融资模式的基础。仓储融资模式的主要流程是顺丰与各大电商平台签订仓储保管协议，将自己的仓储中心提供给各电商平台用于存放货物，同时签订物流协议，在电商销售实现时，必须使用顺丰速运，顺丰按照自己的物流网络在全国范围内调配货物，就近发货。与此同时，商家还可以凭借入库保管的货物向顺丰进行融资贷款，顺丰凭借自己强大的物流网络、遍布全国的仓储中心、发达的信息交互网络以及强大的资金实力为商家提供贷款服务，实现了一个完整的闭环交易，这对供应链上的利益各方而言都是一个多赢的局面。

从整条供应链来看，电商平台使用顺丰的仓储中心进行货物储存，减少了自身的仓储成本。顺丰凭借其强大的物流网络和就近发货的原则为电商客户带来了快速、高质量的快递服务，同时，在仓储过程中提供了一定的资金贷款，这在很大程度上缓解了电商平台的资金压力，降低了其财务风险。

从顺丰的角度来看，在提供仓储服务的过程中，将快递业务与公司绑定，增加了顺丰速运业务客户的用户粘性。利用全国范围内密集的仓储中心在全国范围内就近发货，在收益不变的前提下，极大地减少了公司的物流运送成本。顺丰凭借其强大的资金实力为客户提供融资，凭借其强大的信息网络对不同的客户进行动态评级，对授信额度的确定也可以是动态变化的，这也为顺丰带来了金融服务收益，开辟了一个新的业务增长点，具体模式如图 5-8 所示。

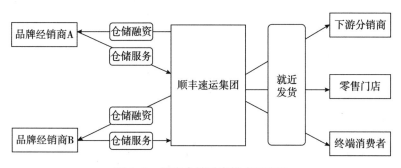

图 5-8　顺丰仓储融资模式流程图

2.订单融资模式

订单融资面向的主要客户是与顺丰有着深度合作关系的客户，与顺丰具有长年累月的合作关系。其主要流程就是下游采购商在进行采购时，将需要采购的订单发送至顺丰金融的融资平台上，在其后的采购过程中，采购资金的付款全由顺丰融资平台负责，由其代为完成，采购过程中的物流运输、仓储保管也由顺丰代为操作。简单来说就是，对于其深度合作的客户，顺丰以其信用为其提供融资服务，在一定程度上减少了下游采购商采购资金的占用，同时，运输物流仓储业务都交由物流来完成，深化了合作，在减少合作方资金压力的前提下，顺丰不仅赚取了融资的服务费，还巩固了主营业务，使客户粘性进一步加强，具体模式如图 5-9 所示。

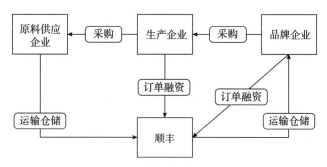

图 5-9　订单融资模式流程图

3.保理融资模式

顺丰推行的保理融资业务主要有应收账款融资和仓储质押业务。仓储质押业务就是前文提到的顺丰为享受顺丰仓储服务的合作方提供存货质押贷款，这其中的好处就在于顺丰对于仓储中心存放的货物可以起到监管和实时更新的作用，对于质押货物可以动态地评定其价值，对于相关企业的授信额度也可以进行实时调整，达到一个动态管理的过程。应收账款融资是针对那些与顺丰集团有深度合作的上下游企业，供应链中的下游采购商与上游供应商签订采购合同，产生了一定数量的应收账款，再由顺丰速运集团买断上游供应企业对下游采购企业应收账款的收益权，并为上游企业提供资金扶持的一项业务，具体模式如图 5-10 所示。

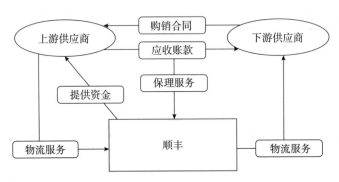

图 5-10　保理融资模式流程图

4. 顺小贷模式

顺小贷是顺丰针对那些长期合作、资信水平高的实体经销商、中小微企业提供的一项小额信用贷款，顺丰凭借其强大的信息收集网络，对合作的各方的交易数据、资信水平和还款能力有一个比较全面的评估与分析，可以对需要融资的各方的信用风险水平进行一个等级划分，对不同的融资方提供 5 万~100 万元的信用贷款，这不仅在很大程度上解决了一些中小微企业融资难的问题，还增强了这些客户的用户粘性，同时，还可以赚取贷款的利息费用，实现整体供应链价值的增值，具体情况如图 5-11 所示。

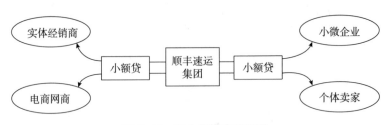

图 5-11　顺小贷模式流程图

顺手付是顺丰和中信银行共同推出的一款第三方支付平台，致力于打造一个为顺丰速运客户提供便捷、安全、快速服务的第三方支付平台。在这块应用程序当中，每一个顺丰客户都可以绑定自己的银行账户，办理完账户绑定之后，就可以享受顺丰金融的诸多服务，主要有以下几种服务类型：①顺丰储值卡，目前，储值卡有两种类型，一种是顺丰校园卡，一种是顺丰速运通卡，办理了储值卡的客户可以用储值卡内预存的金额来支付自己每月的快递费，每次发送顺丰快递时，直接扫描卡上的条形码，输入支付密码就可以自动扣费，十分方便和快捷。此外，充值时有 10% 的金额赠送，使用储值卡的用户在消费后会有积分返还，消费越多，返还越多，返还的积分还可以用来抵减快递费用或者用来购买增值服务。这对于一些顺丰的深度合作用户或者商家来说，可以在很大程度上降低自己的快递成本，对于顺丰来说也可以提高自己的用户粘性。②便捷代收服务，用户与顺丰金融签订的代收协议生效以后，当用户寄出货物时，只要货物是符合法律规定、质量过硬的商品，当货物交到买方手中时，顺丰可以为卖方提供代收货款的服务，由顺丰收取一定比例的手续费。当顺丰收到货款后，卖方可以在顺丰金融 APP 中选择返款，根据用户的不同性质、对返款周期的要求和代收金额等情况，用户可以自由选择返款周期。目前，代收单票收款的金额最低为 1 元，最高为 10 万元。③"顺手赚"服务，对于沉淀在顺手付中的闲置资金，顺丰联合易方达基金上线了"顺手赚"业务，使闲置资金可以继续增值，同时，顺丰金融还有一项顺丰金融活期理财产品，将便捷代收的金额款项存入顺丰金融活期理财产品，享受一定的增值收益。顺丰活期理财产品具有自动增值、随时提现和提现当日到账的特点，满足了客户对返款金额高流动性、保值增值的要求。

（四）顺丰供应链金融模式发展的发展优势

基于第三方物流的供应链金融融资模式同传统的供应链金融模式相比，存在着许多方面的优势。

1. 业务主体多样化

在传统的供应链金融模式中，商业银行是唯一的业务主体，所有的业务都是围绕商业银行展开的，商业银行根据供应链中核心企业对需要融资企业的担保对融资方进行授信，而在基于第三方物流的供应链金融中，业务主体有了更多元的选择，可以是其他非金融机构，也可以是物流企业本身，还可以是物流企业通过并购获得金融牌照来实现的资金融通。在顺丰模式中，其资金的来源方就是顺丰速运集团，突破了单一的资金来源限制，使供应链金融模式更具活力。

2. 授信主体简化

在原有的供应链金融体系中，供应链中的中小企业不容易从金融机构获得融资，往往是通过供应链中核心企业的担保来获得金融机构的授信额度，对于金融机构来说，其授信主体并不仅仅针对供应链中的核心企业，其对整条供应链中的所有主体都要进行信用审查，综合考量之后，确定融资方的授信额度。这相当于对整条供应链上的N个企业都进行了信用审查，而在新模式下，第三方物流企业对其常年合作的上下游企业的信用水平和还款能力具有比较清楚的认识，第三方物流企业向金融机构融资时，金融机构只需根据物流企业的资信水平对其进行授信，在实际供应链流转中，由第三方物流企业根据自身的信息对上下游融资方进行授信，这时资金的风险就从金融机构转移到了物流企业，实现了授信主体从N到1的转变。

3. 削减成本，降低风险

顺丰集团利用企业管理信息系统开展供应链金融，可以在极大程度上降低传统金融机构的监管成本，在传统的金融服务中，金融机构只能对融资方自身的财务状况等静态指标进行监管，无法对其整个业务流程的真实交易情况进行监督。顺丰企业在开展供应链金融服务时，可以利用自身的渠道优势，对融资方的实际原料采购、货物销售等进行综合评价，评估的是一个动态过程，大大降低了传统金融机构对融资方的监督成本。

顺丰的客户当中有相当一部分是中小型企业，甚至是个人商家，他们往往较难从传统的金融机构获得融资，或者说他们融资成本很高，但是通过顺丰自身的顺小贷服务，这些中小客户就可以轻松获得5万~100万元的小额贷款，这些贷款手续简单、审批快速，可以很大程度缓解中小商家的资金压力，也极大地降低了他们的时间和融资成本。

对于整个供应链来说，顺丰不仅降低了成本，加快了供应链的运转速度，还在一定程度上减少了整体的违约风险。这主要得益于顺丰在实际运转过程中积累的大量真实交易数据，顺丰集团可以对其授信客户进行大数据分析，对每个客户的资信水平进行评级，可以在很大程度上降低客户的违约风险。第三方物流企业始终贯穿于供应链金融的所有环节，不仅参与了货物的运输与存储，还可以及时监管、反馈和获取供应链中的物流和货物信息，接下来第三方物流企业来做信贷风险评估、控制和转移，商业银行豁免后，同时将部分的收益权一并交予第三方物流企业，第三方物流企业可以将资金流整合到物流和信息流中，从而实现"三流"整合。

4. 业务拓展，利润增长

对于第三方物流企业来说，新的供应链金融融资服务属于货物运送、仓储管理等业务的增值服务，物流企业提供供应链金融融资服务，并搭配一定的捆绑服务，能够在很大程度上提高老客户的粘性，保证原有的客户不流失，而且，供应链金融融资服务对于第三方物流企业来说，也是一个新的利润增长点，由于我国中小企业众多，融资问题又极为常见，这在未来也是一个巨大市场。积极拓展新业务可以使物流企业在激烈的市场竞争中保持稳定的客源，相关的增值服务又可以使物流企业的营业利润大大增加，增加的营业利润又可以反哺企业，使企业开展更多规模更大的业务。

（五）顺丰公司第三方物流供应链金融存在的问题

1. 风险管理机制有待完善

基于第三方物流的供应链金融也不一定就是完美的，其在实际运行当中依然存在着不小的挑战。物流企业首先需要面对的就是市场风险，在供应链中，物流企业相较于其他核心企业，并不占绝对优势。随着市场的不断扩大，越来越多的企业会挤进供应链金融管理这个市场，物流企业不仅要与传统金融机构竞争，还要同供应链中的核心供应商、电商平台等众多参与者竞争，如何在如此激烈的市场竞争中发挥自己的竞争优势是物流企业需要考量的。其次是第三方物流企业的管理制度和风控体系将经受巨大的考验，随着新模式的推行，业务的复杂水平提高，物流企业的管理难度也大幅增加，既要对物流、信息流和资金流进行整合，还要对其进行大数据分析，确定不同客户的授信水平，因此，一套科学的管理制度就显得尤为重要。客户分析、筛选一旦出现问题就会产生大量坏账，危害公司发展。而且，第三方物流企业在提供供应链金融服务的同时，需要对仓库里的质押存货进行更严格的管理，这要求企业对质押物的风险做到及时排查，建立起一套良好的风控体系，防止存货堆积、存货损毁和资金周转不灵的情况发生。

2. 资金来源受限

顺丰集团目前开展的供应链金融服务的资金来源主要是自筹资金，具体包括自有资金、自身授信和资本市场融资等。自有留存资金往往很大部分是企业的营运资金，过度占用可能会危害公司的正常运行，更何况自有留存资金的规模不会很大，不适宜大规模地开展业务；自身授信往往可以获得较大一笔的资金，但是其融资成本相对也是比较高的，在开展新业务的同时，需要与金融机构分享利润，而且金融机构的借款周期一般较短，一旦出现资金周转不灵，容易发生还款危机，严重的话甚至可能会导致企业破产清算；随着顺丰 A 股借壳上市，股价一路飙升，一度成为深圳市值最大的公司，这表明了资本市场对物流龙头顺丰的认可，资本市场融资虽然可使用期限较长，也没有还款压力，但是依然有股权稀释、经营权丢失的风险。如果获得较低的融资成本，更为安全的资金是物流企业最需要考虑的问题。

3. 模式创新不足

虽然新融资模式使供应链中的业务主体更加多元化，使授信主体更加简化，但是其依然没有跳出原有的运行逻辑。我国供应链金融模式的创新能力不足，物流企业需要放眼于整条供应链，借助互联网、电商平台和 P2P 平台等渠道，积极开发"1+N+M+L"等更多的新型融资模式，以顺应蓬勃发展的物流行业。

三、顺丰与国外 UPS 公司供应链金融模式的对比

（一）UPS 公司供应链金融模式的预付货款模式

UPS 物流公司为沃尔玛与其全世界各地的供应商提供物流服务，因为沃尔玛在整个供应链中处于强势地位，具有比较强的议价能力，因此，沃尔玛常常要求其供应商先行发货再按一定的结转周期进行价货结转，对于一些中小供应商来说，回款不及时就很容易造成资金流短缺，从而影响自己的日常经营。UPS 提供的预付货款服务就可以解决这一问题，在沃尔玛这类公司强大的信用背书下，沃尔玛在对全世界各地的供应商进行采购时，由 UPS 的资本公司先进行货款的垫付，并收取一定的手续费用，同时签订协议，沃尔玛与供应商之间的物流业务都要交予 UPS 物流公司来做，最后与沃尔玛公司进行货款的结算，这一举动大大提高了供应链的运行效率，也缓解了中小供应商的资金压力。对 UPS 公司来说，这既巩固了自己的物流业务，又有额外的手续费收益，真正实现了供应链上的共赢。

国际贸易融资：UPS 物流公司通过常年来与外贸企业的合作关系，积累了大量的外贸企业数据，UPS 通过其客户信息管理，可以轻松地为其客户进行资信水平的评级，从而识别出还款能力强、信誉水平高的优质放贷对象。UPS

资本公司的前身是美国第一国际银行，可以从银行渠道获得较低的资金成本融资，再将这些资金提供给供应链中优质的中小企业，从而赚取利差，这使UPS资本公司每年可以获得大量的利息收入，同时提高了原有客户的满意程度，实现了供应链的多赢。

抵押贷款：在物流运输过程中，UPS可以比较全面地掌握信息，信用风险很低，无论是出厂、入关还是入库，UPS的全球追踪系统都可以实施对货物的保管与监控，购买方在采购资金不足的情况下可以凭借这些货物向UPS资本公司进行抵押贷款，待货物全部销售之后，再向UPS资本公司进行还款。在这种模式下，采购方在资金短缺的情况下也同样可以进行正常的经营活动，减缓了资金压力，对UPS公司来说也可以增加新的利润增长途径。

（二）发展基础对比

UPS公司是美国供应链金融管理领域当之无愧的龙头老大，而顺丰集团也是我国近年来供应链金融服务提供商中的佼佼者，其共同之处就在于两者在物流运输业务日趋成熟的同时，依托强大的物流运输网络，较为丰富的供应链管理经验及完善的信息交互系统，积极转型，为其客户提供优质的供应链金融服务，这也为其收入带来了新的利润增长点。虽然两者同为物流商主导的供应链金融服务提供者，但其所处的经济环境和发展环境却大不相同。UPS公司成立已有上百年，上市近二十年，又有强大的资本公司作为经济后盾，其供应链金融管理模式已经比较成熟。而顺丰是在我国经济发展大浪潮下成长起来的，2010年才开始布局供应链金融，发展时间较短，但已经初具规模，其业务模式更符合我国的经济发展水平。随着近年来我国物流行业的飞速发展，顺丰于2017年借壳上市，成功登陆资本市场，这也意味着顺丰将获得更多的发展机会，顺应物流行业和供应链金融行业在我国不断向前的历史车轮，顺丰有机会登上一个前所未有的新高度。

（三）业务分布对比

顺丰集团的业务范围可以简单概括为物流、融通金融和流通商业。从物流业务的角度来说，其主要包含快递服务、冷运服务和仓储服务。一方面，顺丰凭借其强大的运输网络和运力资源，可以满足不同客户的定制化、个性化快递服务，而且顺丰具有其独特的冷链运输网和温控管理系统，可以为食品、药品行业的客户提供专业的冷运服务；另一方面，顺丰在全国各地建有上百个物流中心，超过 200 万平方米的仓储面积，可以为电商客户提供一站式仓储服务。从金融业务的角度来看，其主要包括供应链金融服务、综合支付服务和财富管理服务。首先，顺丰提供的供应链金融服务主要有仓储融资、订单融资、保理融资和顺小贷等，这些在上文都已经有过详细介绍；其次，顺丰作为第三方支付牌照的拥有者，积极开展资金流业务，提供包括钱包支付、代收付、顺丰速运卡等一系列服务；最后，顺丰还为那些现金冗余在顺丰钱包的客户提供财富管理服务，为其推荐安全、高回报的理财产品。从商业的角度来看，顺丰业务还包含顺丰优选网上商城和顺丰优选门店，顺丰优选网上商城是顺丰自营的电商平台，凭借其物流网络的优势，收罗全球的优质食品，使其成为生鲜食品配送范围最广的电商平台；而顺丰优选门店则立足于社区，与各商店进行合作，为居民提供最便捷、最快速的贴心服务。从顺丰的业务范围可以看出，其各个业务立足于供应链的各个阶段，互相联结又独立运作，其强大的仓储服务是供应链金融管理仓储融资的基础，其强大的冷运技术和配送网络成就了优质的生鲜配送平台。

UPS 公司的主要业务可以分为四个部分：快递服务，供应链方案解决服务，供应链金融融资服务和零售服务。UPS 针对不同的服务对象成立了不同的子公司，互相协作，完成整个供应链架构建设。UPS 在 2001 年并购了美国第一国际银行，成立了 UPS 资本公司，为整个供应链金融的运转提供了资金支持；UPS 包裹快递公司为整个供应链的货物流转、保管和运输提供支持；UPS 物流公司以及 UPS 咨询公司为整个供应链管理提供解决方案，包括融资模式设计、授信方案设计和风险控制管理方案的设计，各个子公司互相合作，构建了一个非常成熟的供应链金融管理体系。从两者的业务分布上来看，UPS 公司的供应链金融服务较为成熟，其每年提供供应链金融服务所带来的营业利润已经占其营业收入相当大的一部分；而顺丰的供应链金融服务虽然已经初具规模，但因起步较晚，依然具有很大的提升空间。

（四）供应链金融模式对比

就提供的供应链金融服务来看，顺丰模式和 UPS 模式存在着些许相似之处，同时又存在着较大的差异。首先，两者的供应链金融服务都是围绕其强大的信息管理系统展开的。随着金融科技的不断发展，现今，企业信息管理系统已经越来越完善。物流企业在日常运营中积累了大量的物流、资金流和信息流等数据，信息管理系统通过金融科技和大数据计算可以很好地分析出客户的需求和不同客户的信用水平，也可以对货物的流转、保管和运输情况进行实时监控，使企业能够更好地、具有针对性地开展服务。对不同信用水平的客户开放不同的授信额度，有助于降低违约风险，而且货物流和信息流的实时监控可以在很大程度上优化内部控制管理，提高公司的运作效率。其次，从具体的业务模式来看，顺丰的订单融资模式和UPS的预付账款模式、顺丰的仓储融资和UPS的抵押融资以及顺丰的顺小贷和UPS的小额信贷从本质上来说极为相似，只是在具体的操作上有着一些细小的差别。最后，从融资资金的来源和规模上来看，两者又存在较大的差异，第一个差异就在于顺丰集团没有自己独立的资本公司，其资金的主要来源有留存收益、外部金融机构和资本市场融资等，受政策和法律的影响，其融资成本比较高，同时规模也不可能过大，由其提供的供应链金融融资服务授信额度就会比较小，信用政策也比较紧。反观UPS公司，其在2001年并购了美国第一国际银行，取得了银行牌照，并将其更名为UPS资本公司，专门为其提供资金支持。UPS资本公司有更广阔的融资渠道，可以融得更大规模、更低成本的资金，能够提供的供应链金融服务的融资授信额度较大，信用政策也更为宽松。与此同时，UPS公司在获得了银行大量储备金和宽松的法规政策之外，还获得了银行先进的风控管理体系，这大大降低了企业面临的失信违约风险。

四、影响顺丰第三方物流供应链金融的因素

（一）外部环境影响

1. 金融科技的影响

技术的变革带来了模式的革新，在金融行业也不例外，顺丰所开展的供应链金融服务离不开金融科技的支持，金融科技的发展促进了金融模式的创新。云端计算、大数据挖掘和人工智能等新兴技术的进步，翻开了中国经济发展的新篇章。顺丰的供应链金融平台正是由一系列高效、便捷、智能的管理系统和计算系统组成的，这个平台可有效整合供应链上下游的资源，全面实现商流、物流、资金流和信息流的"四流合一"，同时利用大数据更好、更有效、更准确地分析每一个客户，然后帮助管理者做出最科学的决策，助力企业占领供应链制高点，增强企业的行业主导地位，拓展企业收入来源，为企业战略转型提供强大支撑，最终打造一套完整的供应链金融生态圈。

2. 金融改革不断深化

自 1978 年改革开放以来，我国社会主义市场经济已经发展了 40 多年。我国的金融市场体系从无到有，规模从小到大，结构从简单到复杂，经历了无数的改革与发展，如何建立一套适合我国国情的金融市场体系是我们这一代人甚至几代人的历史使命。2018 年是金融市场萧条的一年，随着中美贸易战的打响，整体经济形势也变得更为复杂与严峻，加速推进金融市场改革已经刻不容缓。我国深化金融改革主要体现在以下几个方面：一是建立完善的金融调控机制和谨慎的管理模式，我国目前的市场经济机制还不够完善，需要国家建立起一套科学的财政或者货币政策，对国家的整体经济形势进行宏观调控，以促使经济形势朝着对人民生活有利的方向发展；二是积极推进金融机构改革，金融机构是贯彻国家金融政策的载体，也是金融活动中最活跃的因素，如何深化金融机构改革是我国建立完备的经济体系所不可忽视的一个问题，这就要求我国的金融机构主要是银行业打破原有的国有制固有分工，积极加入市场竞争当中，推进利率的市场化改革；三是积极贯彻国家的"去杠杆化"政策，不仅是在金融行业里去杠杆，还要在实体经济当中降杠杆，降低金融风险，保证金融市场能够持续稳定的发展。在不断推进的金融市场改革浪潮中，顺丰公司开展第三方物流供应链金融，既是机遇也是挑战，只有在一个稳定、有序、活跃的金融市场中，一种新模式才能得到良好的"土壤"和茁壮的成长。

3. 物流企业前所未有的机遇

在我国，随着互联网技术的飞速发展，电商平台逐渐影响着人们的消费习惯，网络购物呈现出"井喷式"增长，随之而来的是物流业的繁荣发展，我国社会物流总额从 2010 年 125 万亿元增长到了 2017 年的 252 万亿元，足足增加了 1 倍有余，保持了年均 10% 左右的增长率，这足以证明我国未来的物流行业具有足够的发展空间，同样地，基于第三方物流企业的供应链金融也将是一个万亿级别的市场。从另一个方面来说，我国每年的物流费用约占国内生产总值的 10%~15%，相较于德、日、美等发达国家，比重过高，这就意味着我国的物流企业有着极大的转型与进步空间，物流行业逐渐成为一个国家综合实力的体现，在政府政策的扶持下，顺丰如果能够抓住机遇，提高自身的管理水平，增加供应链整体价值，就可以使企业得到意想不到的发展机会。

（二）内部环境影响分析

1. 经济新常态下追逐利润增长点

我国目前正在大力发展新经济，推进老旧产业转型升级，优化经济结构，在这个大背景下，物流企业的转型也迫在眉睫，物流企业正在从一个单纯的货物运输商转变为一个集数据流、物流和信息流为一体的综合服务商。近年来，我国物流行业发展迅速，整个行业年收入的增长幅度都在10%以上，但随着市场的不断扩大，涌现了越来越多的竞争者。据不完全统计，我国物流企业超过70万家，大多数是中小型企业，物流行业缺乏统一的标准，呈现出一种杂乱无章的态势。这个时候构建一套科学的管理体系，开辟更多的利润增长点，就能使企业在众多竞争者中脱颖而出。而将供应链金融与物流相融合的业务模式正好满足了这一契机，抓住机遇实现产业升级改造，开辟新的利润增长点，已经成为每一个物流企业走向强大的必经之路。

2. 中小企业对顺丰公司的融资需求

供应链金融是对中小企业融资渠道的一个很好的补充。由于我国推行"去杠杆化"，信贷政策明显收紧，中小企业对融资的需求逐步扩大。虽然中小企业的数量占我国注册企业数量的99%以上，但是其银行信贷额度仅占商业银行整体信贷比例的10%左右，这说明中小企业极难从传统的金融机构中获得融资，市面上也缺乏相应的专业针对中小企业融资的机构。顺丰开展的供应链金融就是对这些中小企业融资渠道的一个很好的补充，另外，顺丰开展的顺小贷还可以针对个体户和个人卖家开展贷款服务。顺丰立足于供应链的真实交易中，凭借其所掌握的大数据优势，与中小企业资质、信用风险对冲，抢占了一块传统商业银行不愿意触及的市场，并且这块市场具有非常广阔的发展空间，也能为物流企业带来超额收益。

五、完善顺丰第三方物流供应链金融的建议

（一）企业层面的相关对策和建议

1. 完善风控机制

顺丰面临的风险主要有市场风险、管理制度风险和资金风险等几个方面。首先应对市场风险，顺丰最先要做的就是找准自己的定位，确定自己在市场中的优势。就开展供应链金融服务来说，顺丰主要的竞争优势体现在三个方面：一是信息流优势，在日常经营中，顺丰积累了大量的数据，通过对这些数据进

行分析，可以很好地得出客户的诉求，对客户提供个性化的金融服务，而且，通过挖掘这些数据，可以建立一套完善的信用评级机制，根据不同客户的资信水平和还款能力，建立标准化的授信额度，相比较其他竞争者，有更明确的目标和更高的安全边际；二是货物质押优势，在一个正常运转的供应链中，第三方物流企业掌握着货物的运输、保管和配送，实际上掌握着货物的控制权，物流企业在提供服务的同时，可以要求融资方签订长期运送合作协议，同时提供存货质押，这在极大程度上缩小了坏账风险，相较于其他竞争者，顺丰的抗风险能力更强；三是资金优势，顺丰作为上市企业，相比于供应链中那些未上市的公司，拥有更多的融资渠道，具有一定的资金优势。其次面对管理制度风险，企业应启用专业的管理人才，加强各部门间的协作，发挥协同效应。随着新业务的开展，公司的管理难度大幅增加，这个时候要做好客户分类、筛选和归档工作，加强对客户的管理。对供应链金融服务的客户来说，做好客户信用等级评定是重中之重，根据客户的不同信用等级确定其授信，改进管理机制。最后出现资金危机的主要原因是坏账，需要做好质押存货管理和客户信用管理。一旦质押存货出现缺失、损毁和大幅减值，出质人的还款意愿就会大幅下降，因此，要对质押存货做到实时监控，动态管理，对部分损失的存货进行及时补救，并进行原因分析，排查风险，建立存货管理报告。另外，对客户的信用管理要做到动态管理，实时更新，对于长期未合作的客户，要重新对其进行信用评定，对有过违约记录的客户进行备注，综合考量其信用水平和还款能力。

2. 丰富业务模式

供应链金融融资在我国仍处于起步阶段，未来的发展前景一片广阔，客户的需求也是各式各样。顺丰应好好利用其信息优势，运用金融科技，从数据中挖掘客户的真实需求，为不同的客户打造定制化的供应链金融服务。同时加强与其他平台的合作，广纳人才，对创新人才进行薪酬激励，在发展中逐步确立一种适应我国发展的供应链金融融资模式。顺丰在开展业务的时候，要注重相关业务的融合，实现不同业务的共同发展。顺丰在为其货运客户提供仓储服务的同时，也为其提供供应链金融中的仓储融资服务，将多项相关业务进行融合，可以提升整个供应链的流转效率，实现供应链的增值。

3. 扩展资金来源

顺丰现存的三种资金来源都有一定的局限性，应积极开拓自己的资金来源。顺丰可效仿 UPS 公司，参股或者并购一些商业银行，为自己开辟一个新的融资平台，筹集安全、低风险的资金，同时要考虑禁止触碰到政策与法律的红线，例如，一些 P2P 融资平台和小额贷公司，虽然也不失为一种融资途径，但因我国相关的法律和政策还不够完善，在选择融资时要慎重考虑。

4. 积累客户，整合信息

一项新业务的开展需要大量的客户支撑，对顺丰来说，其每一个快递业务和货运服务的客户都是其供应链金融业务的潜在客户，顺丰在进行最基础的快递业务和货运业务时，要做好客户积累，保存好客户信息，顺丰供应链金融业务的成功正是因为其有着广阔的客户基础。另外，要做好客户信息整合，数据挖掘，找到客户的真实诉求，并为其提供个性化的定制服务。

5. 注重科技，灵活利用

在如今这个信息化的时代，我们已经开始用数据去分析人、企业的行为，我们也要相信科技的力量，大数据分析、云计算、ERP 管理系统和信息管理系统等越来越成为我们管理企业、进行科学决策的重要辅助工具。一项好的金融科技可以帮助我们尽可能地实现供应链金融的管理功能，同时也可以帮助我们提高工作效率，节约资源，实现利润的增长。

（二）政府层面的对策和建议

1. 分业经营制度改革

我国是典型的分业经营国家，金融业与非金融业相剥离，金融业主体从事相关行业受到了很大的限制，尤其是我国银行，不能从事物流业务，同样也无法开展供应链金融管理。我国第三方物流公司由于其自有资金的限制，难以实行大规模的供应链金融业务。相比于美国的 UPS 公司并购美国第一国际银行成为全球最大的供应链金融管理公司以及摩根银行并购物流公司开展供应链金融服务来说，我国企业进行供应链金融管理的竞争力就要小很多，我国供应链金融服务商走向世界仍有很长一段路，我国可以逐渐放开分业经营制度，实现第三方物流企业与供应链金融的大融合。

2. 完善相应的法律法规

虽然我国供应链金融管理已经有了长足的发展，但是其相关法律法规的制定还没有跟上行业的发展。诸如，未来财产的担保问题、浮动抵押客体范围不明确、仓单质押时流通的问题等，只有完善了法律基本架构，规定了供应链金融各方的权利和义务，这一项经济活动才能长久健康地发展下去。

Part 3

第三部分

基于金融机构的供应链金融

第六章

大型国有商业银行的供应链金融业务

商业银行是经营货币的特殊企业，以安全性、流动性和盈利性为主要经营目标。尽管商业银行涉及的业务广泛，产品多样，但其主要业务仍然是传统的存款及贷款业务，据统计，在中国的银行业中，信贷资产占总资产的比重达到 60% 以上，这表明信贷业务仍然是商业银行的最大利润来源。随着企业的组织行为模式、资源的整合能力及科技的快速发展，原本在微观企业间的市场竞争拓展到了整条供应链，商业银行顺应了新的企业行为模式，不断创新，根据市场与客户不断变化的需求，将融资产品嵌入到供应链中，成为供应链的主要参与方之一。

第一节　商业银行供应链金融概述

近年来，供应链金融逐渐成为商业银行的一种新兴且重要的金融服务模式。一方面，供应链金融业务的健康发展有助于解决困扰我国中小企业多年的融资难、融资贵的问题；另一方面，发展供应链金融业务有助于商业银行优化自身的客户结构，调整信贷规模，增加创收渠道。

一、商业银行发展供应链金融的必要性

随着国际贸易战的升级，经济环境的不稳定因素增多，全球的银行业面临着前所未有的发展挑战。近年来，随着国内经济增速放缓和经济结构转型升级，我国商业银行的可持续发展也面临着更大的压力。国内商业银行传统的发展模式主要是依靠高资本消耗、高信贷投放和高成本运营带动高收益，在当前复杂的外部经济环境及激烈的同业竞争压力下，传统经营模式已无法满足商

业银行健康长远发展的要求，商业银行面临的发展困境主要表现在以下四个方面：

（一）商业银行资产质量下降，不良贷款率增加

近 30 年来，中国经济在持续高速发展的同时也积累了诸多的不平衡问题，例如，实体经济与金融行业发展不平衡、大型企业与中小微型企业发展不平衡等，这些不平衡增加了经济周期性波动风险。随着中国改革开放程度的加深，中国经济已然成为世界经济中不可忽视的一大部分，国际经济环境的复杂变化加剧了中国经济波动的风险，商业银行的资产质量面临恶化危机，不良贷款增长速度加快。据中国银行业监督管理委员会官网数据显示，自 2012 年以来，商业银行不良贷款余额呈逐年上升的趋势，尤其是近五年，不良贷款余额的增长幅度超过三倍，给商业银行的可持续发展带来沉重的压力。不良贷款的增长一方面增加了商业银行在化解不良贷款风险方面的人力和财力投入，而面临不可化解的不良贷款，商业银行只能牺牲自身利润来弥补，这严重阻碍了商业银行的可持续发展；另一方面这也使商业银行深刻思考了如何将传统业务运行和风险把控标准与当前经济社会发展相适应的问题。

（二）利率市场化和金融脱媒现象加剧，商业银行传统的盈利模式受到冲击

获取存贷息差是国内商业银行最基础、最主要的盈利模式，即通过支付一定利息吸取社会上资金盈余者的资金，向资金需求方提供资金支持以获得更高利息收入。利率市场化的程度越高就意味着资金成本定价越透明，资金盈余者和资金需求者倾向于选择对自己更为有利的市场利率，因此，利率市场化程度越高意味着存贷利差收窄。此外，随着国内金融市场的深化发展，证券业和保险业的发展速度加快，资本市场的恢复性发展将加大直接融资在社会融资总量中的比重，金融脱媒现象明显加剧，给商业银行的存贷款业务带来了更大的压力。一方面，金融脱媒现象挤占了商业银行很大部分的存款业务，商业银行为争揽存款提高了存款利率，增加了金融成本；另一方面，金融脱媒向有资金需求的客户提供了直接融资的机会，分流了商业银行的贷款客户，迫使商业银行降低贷款利率提高竞争力，这两个方面使商业银行进一步缩小了存贷利差，利率风险将成为商业银行在今后运营中面临的最重要的风险之一。

（三）客户行为模式发生改变，传统商业银行经营模式难以满足需求

随着大数据、云计算和人工智能等新技术的快速发展，战略性新兴产业和共享经济等领域蓬勃兴起，中国经济已告别以往一味追求经济高速发展的时代，进入追求平衡高质发展的新经济时期。在旧经济时代，客户对商业银行的需求主要为存贷款业务及结算服务，商业银行充当的是"财务管家"的角色；而在新经济时代，客户对商业银行的角色有了新的要求，客户希望商业银行能随时随地提供金融服务，成为生活助手，增强商业银行服务的广度及深度，发展成"金融管家"。此外，在互联网时代，以支付宝、微信为代表的第三方支付平台的推广弱化了商业银行的金融地位，互联网金融的合法化和规范化更是对传统商业银行的存贷款业务造成严重冲击。在存款方面，余额宝、京东金融和理财通等第三方支付平台吸收了大量储户的零散资金，极大地分流了商业银行的活期存款业务；在贷款方面，随着互联网技术的发展，互联网的电子商务平台积累了大量的交易数据和用户信息，互联网金融公司利用大数据分析有效寻找潜在资金需求客户，推送广告信息，如拍拍贷、信而富和宜人贷等小额贷款平台。网络贷款模式发展迅猛，互联网金融的融资思路、融资技术和融资模式在给贷款市场注入活力的同时，也给商业银行的传统、固化的贷款模式带来巨大冲击。

（四）金融监管标准更加严格，商业银行管理压力倍增

近年来，我国金融行业在高速发展的同时也积累了不少金融风险，加强金融风险防控已成为金融监管当局工作的重中之重。2017年央行将表外理财纳入MPA考核范围，银监会针对"三套利""四违法"和"十乱象"等行为进行专项整治，央行等四部门联合发布资管新规等，种种举措表明监管部门把防控金融风险和抑制资产泡沫放在工作首位，对商业银行的合规经营提出了更高的要求。在金融监管从严的形势下，商业银行的内控和外拓面临着更大的压力和挑战。

二、商业银行发展供应链金融的优势

供应链金融与传统银行信贷在金融产品、信用评估、风险防控、授信对象和授信审查效率等方面都有所不同，这就决定了供应链金融具有传统银行信贷

所不具备的独特优势。

（一）从整个供应链层面评估整体信用，合理确定授信

传统银行信贷以资产负债表和损益表等历史财务信息为基础，对融资主体的信用评价进行静态分析，这种方式是为评价大型企业信用状况而设立的。但对于财务信息不规范的小微企业而言，该评价方式不能充分展现其实际的经营状况及未来的发展前景，难以缓解小微企业融资难、融资贵的问题。供应链金融则评估整个供应链的信用状况，甚至用供应链贸易信息代替小微企业个体的部分信用信息。在实际操作中，商业银行供应链金融每一笔授信都基于供应链进行考量，将授信用途特定化，依据贸易背景确定合适的授信方案，有针对性地确定授信金额、信贷产品和操作模式等，在适当的节点提供合理的资金量，并做好未来还款现金流的预测和评价，避免出现局部或整体的授信资金过度或不足的现象。

（二）参与主体多元，贷款具有自偿性特征

传统银行信贷的参与主体一般只有商业银行和企业双方，有时会增加第三方担保人，参与主体相对简单，且通常根据个体信用状况实施信用风险防控。而供应链金融的参与主体较为多元，有金融机构、融资企业、物流企业以及其他服务型企业等，参与主体之间相互作用、相互依存。在实际操作中，商业银行可对整个供应链上的资金流进行跟踪、监督和控制，强调贸易的真实性，并对贷款实行封闭性操作，建立专业贷后操作机制，以保证专款专用，确保还款来源的自偿性。比如，在发放贷款前，评估企业资信状况，要求提供贸易合同和发票，考察贸易的真实性，要求将销售收入存入银行特定账户以直接还款等。

（三）提供综合服务，降低融资成本

传统银行信贷以一个或几个单一产品来满足交易链条上不同交易主体的融资需求，针对各交易主体的金融产品较为单一、分散，且以传统信贷产品为主，经济资本占用较高。而供应链金融针对各交易主体在供应链上所处环节、交易对手和商品特点等确定融资量、融资周期和融资利率，提供综合金融服务方案，形成规模效应，降低整体融资成本。在实际操作中，商业银行对供应链中的小微企业进行有效甄别，优选具有良好技术，充足订单，能与其他组织建

构完整、闭合的供应链体系，但同时又没有充足资金的信誉良好的小微企业，从而有效缓解小微企业信贷融资存在的信息不对称问题。

三、商业银行发展供应链金融的意义

近年来，供应链金融在国内外商业银行得到了广泛的应用，供应链金融为商业银行提供了一个切入产业链客户的获客渠道，创新了业务发展模式和风险把控方法，具有较高的经济效益和社会效益。

首先，商业银行开展供应链金融业务能为中小微企业提供一定的信贷资金支持，解决中小微企业的融资难题。对商业银行而言，传统的信贷政策及授信方向往往将中小微企业拒之门外，一方面因为中小微企业的信用和规模达不到商业银行的授信标准，另一方面商业银行更倾向于大型企业的授信项目，一来可直接获得更大的市场份额，二来可衍生更多的业务机会，从而获得更多的收益。中小微企业因难以从传统的商业银行融资，有的从民间融资导致资金成本过高，市场竞争力减弱，有的不堪重负导致资金链断裂而破产，中小微企业在金融市场上处于弱势地位。近年来，为了解决中小微企业的融资困难、促进市场经济平衡稳定，中央和政府密集发文支持供应链金融发展，鼓励商业银行、供应链核心企业等建立供应链金融服务平台，为供应链上下游的中小微企业提供高效、便捷的融资渠道。相较于商业银行制定的传统授信政策，供应链金融重视的是中小微企业资产负债表上流动资产的价值，例如，供应链交易中产生的应收账款、预付账款及存货等，在中小微企业无法为融资提供固定资产抵押物的情况下，供应链金融在担保方式上进行了创新。

其次，在供应链金融服务中，商业银行以核心企业为核心，为供应链上的成员提供结算和融资等服务，有利于防控授信风险。商业银行为供应链上的企业提供融资是建立在尽责调查企业之间真实的贸易背景、贸易关系和贸易交易基础上的，贷款资金在供应链企业之间流动，可以有效防范信贷资金被非法挪用，贷款资金直接以货款回笼清偿，第一还款来源有保障；另外，商业银行通过与整条供应链上的企业合作，可以有效防范信息不对称的风险，有利于将单个企业的不可控风险转变为供应链企业的整体可控风险；此外，传统商业银行向中小微企业授信要求的担保方式为抵押物担保，以抵押物作为第二还款来源，在企业违约情况下，银行以拍卖固定资产的方式索偿，然而，中小微企业一般因为资金实力较为薄弱，生产厂房及办公场所多为租赁，无法向银行提供抵押物，即便可以提供抵押物，一旦发生违约，银行在走法律程序拍卖抵押品索偿的过程也需耗费许多人力资源及资金成本。供应链融资则创新了授信担保方式，要求供应链上的中小微企业提供应收账款、预付账款及存货等流动资产质押担保，一旦出现违约，商业银行可以向实力雄厚的核心企业追索贷款，质押的流动资产变现更为灵活，能有效降低风险成本。

最后，供应链金融有利于商业银行切入高端客户，稳定优质客户，为供应链成员企业定制个性化金融服务，为商业银行创造新的利润增长点。一方面，商业银行通过与供应链上的企业建立合作关系，实现了供应链企业的大范围覆盖，提高了与核心企业的粘性，作为企业主要结算往来银行，实现交易资金体内循环，可以为商业银行带来低成本存款；另一方面，中小微企业融资一般周期短、频率高、额度小，频繁转贷可为商业银行创造更多利息收入和手续费收入；再者，供应链金融不仅为企业提供融资服务，还为整个链条上的企业提供全面的金融服务，商业银行获得向企业营销财务咨询、仓储保险、信用评估和理财服务等业务的机会，可以带来更多的中间业务收入，实现商业银行利润的多元化增长。

第二节　中国建设银行的供应链金融实践

中国建设银行成立于 1954 年，前身为中国人民建设银行，历经六十多年的发展，已成为国内第二大商业银行。目前，中国建设银行的业务范围已突破传统商业银行的业务范围，在保持存、贷款等传统企业（个人）金融服务市场领先地位的基础上，已逐步拓展至众多新业务发展领域及国外市场，如已成立建银国际、建信信托、建信基金、建信人寿及众多海外分支机构等。

一、中国建设银行供应链金融的发展历程

随着经济全球化的不断推进，为了应对更加激烈的市场竞争，国内企业逐步重视生产经营中的供应链管理，期望通过整合供应链条中企业的各类资源，提升整个供应链的市场竞争力，达到协同增效。在整个链条运行过程中，往往因链条中企业的市场地位差异，产生资金流失衡，这就迫切地需要商业银行参

与进来，通过提供切合需求的供应链金融产品，平衡资金流，确保链条中的企业能够有效运转。

因此，面对潜力巨大的供应链金融需求，各家商业银行都摩拳擦掌、积极创新，纷纷涉足这一新兴金融业务，将其作为抢占市场与客户资源的重要手段。中国建设银行的供应链金融业务起步于21世纪初，一些大型企业（如一汽集团、武汉钢铁集团、中外运等）为加强供应链管理，提出相应的上下游企业配套融资需求，针对新的市场变化，中国建设银行开始逐步探索相关的政策制定及产品研发。

从最初推出的动产质押、国内保理等业务，到后来逐步推出的仓单质押、金银仓和保兑仓等各色供应链金融产品，经过近十五年的发展，尤其是近五年的快速扩张，中国建设银行投入市场的供应链金融产品已达十余种，培养了较为扎实的供应链金融客户基础，综合效益明显。目前，中国建设银行在总、分行成立了供应链金融管理团队（处、科室），地市级分行均设置了供应链金融产品经理，制定了供应链金融产品制度，规范了操作流程，形成了自上而下的一个系统性、完整性的供应链金融研发、培训和沟通机制。同时，根据产品的特点及应用范围，中国建设银行将供应链产品归纳为存货类、应收类和预付类三大类型，进一步提升了供应链金融的管理水平，以更加专业化的工作思路积极参与市场竞争，在更好地服务客户、满足市场需求的同时，能够助力中国建设银行以更加主动、积极的姿态参与市场竞争，改变其传统的融资服务模式，实现业务转型。

二、中国建设银行供应链金融的主要业务模式

供应链融资产品是依据客户经营全流程中产生的资金流、信息流和物流等信息，实现对融资企业的信息管理和融资安排，较好地弥补了传统信贷业务中信息不对称的风险。当前，根据产品的特点及应用范围，中国建设银行将供应链金融产品划分成三种类型，分别是存货类、应收类和预付类供应链金融产品。

（一）存货类业务模式

存货类供应链融资业务产品是银行借助第三方物流企业对供应链中货物的控制能力，从而帮助企业解决融资需求的信贷业务产品。在存货类供应链融资

业务产品中，商业银行通过委托第三方物流企业履行质押物的监管职能，企业无须提供其他方式的担保就能够获得商业银行的信贷支持。这种业务模式能够解决担保资源缺乏的中小企业的信贷需求难题。目前，中国建设银行存货类供应链融资业务产品主要分为动产质押和仓单质押两大类。

1. 动产质押

动产质押融资业务就是在日常经营活动中，客户将其拥有产权的动产提请中国建设银行审核；审核通过后，办理质押手续；再交给中国建设银行准入的仓储监管公司管理；进而由中国建设银行为其办理融资的信贷业务。客户持有大宗商品，通过出质货物，中国建设银行提供信贷资金支持、货物价值评估及市场分析等增值服务（见图6-1）。

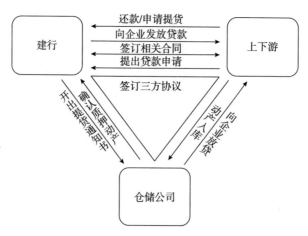

图6-1 动产质押流程图

该产品的主要优势包括以下几点：一是该产品使用范围较广泛，可应用于供应链条中符合要求的任何企业。既可以满足上游企业的资金需求，又可以盘活下游企业的资金流，已成为企业的一个新的融资渠道。二是质押给中国建设银行的动产产权归属不会发生变化。这仅仅是办理了质押手续，产权仍归企业，对企业的生产经营基本不会产生不利的影响。三是有利于风险控制。通过发挥仓储公司的监管职能，充分掌握企业的库存变化情况以及物流运输情况，有利于判断业务风险。

2. 仓单质押

仓单质押融资业务就是在日常经营活动中，客户将其拥有的仓单，提请中国建设银行审核；经审核批准后，办理相应的质押手续；进而由中国建设银行为其办理融资的业务。客户以中国建设银行认可的仓单作为质押,中国建设银行提供信贷资金支持及仓单项下货物价值评估和市场分析等增值服务(见图 6-2)。

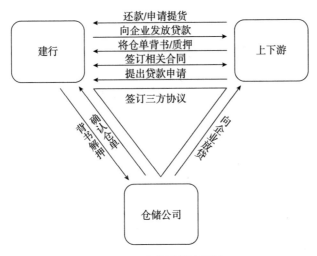

图 6-2 仓单质押流程图

该产品的主要优势包括以下几个方面:一是质押给中国建设银行的仓单所对应的动产产权归属不会发生变化。这仅仅是办理了仓单质押手续,产权仍归企业,对企业的生产经营基本不会产生不利的影响。二是操作方便、快捷。相较于动产质押的烦琐手续而言,该业务仅通过背书方式,即可完成仓单的质(解)押,更好地满足了企业融资的需求。三是融资产品和融资期限等选择更加灵活。根据企业的自身情况,其可以选择办理贷款、银行承兑汇票、各类保证及信用证等融资产品,融资期限可以选择超短期也可以尝试短期或中长期,仓单质押只是作为一种风险缓释措施。四是货物提取方式便捷。根据市场的需求情况,企业既可以部分提取货物用于销售,又可以全部提取进行销售,这样能够更好地适应市场需求,合理地安排融资规模。

(二)预付类业务模式

预付账款类供应链融资业务产品就是根据下游企业与核心企业进行交易活动的情况以及由此产生的资金需求,商业银行为其提供的融资产品。该产品与偿付预付款的传统融资产品有着很大的差异。

在传统融资业务中,只有当申请贷款的企业按照银行要求,先行履行约定的担保手续，商业银行才考虑向企业提供预付款信贷服务。不同的是，在预付账款类供应链融资业务产品的办理过程中，下游企业可以将配送中的商品或仓储的商品质押给商业银行，作为授信业务的担保，以其出清资金作为还款来源，该产品自身具有自偿性。所以，该产品既可以帮助供应链下游企业改善资金压力，又可以很好地解决其融资困难。当前，中国建设银行的该类型产品可分为两大类，分别是保兑仓业务及金银仓业务。

1. 保兑仓业务

保兑仓业务产品是指由银行委托核心企业管理交易货物，并严格依照银行指令控制货物发放，从而为下游经销商提供融资服务的产品（见图6-3）。在这个过程中，核心企业还要承担贷款回购责任。

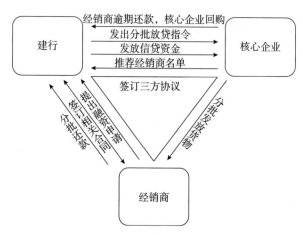

图6-3 保兑仓业务流程图

保兑仓业务产品的主要优势如下：一是对核心企业而言，它能够有效解决货物的销售问题，扩大产品的市场份额，提升盈利能力，同时，还可以减少应收账款的占用，提高资金的周转效率。二是对下游经销商而言，它既能够帮助其解决购货资金短缺的难题，又能够提升商品销售的周转速度，尤其是在制定采购计划时，经销商能够采取淡季订货、旺季销售的策略。

2. 金银仓业务

针对一些销售季节性差异较大的商品，下游要确保最大利润。金银仓业务产品就是指为核心企业提供的解决其下游经销商融资需求、销售管理及存货管理等问题的综合性金融服务产品。该产品的业务模式大致分为三步：首先，经销商要先与核心企业签订合同；其次，经销商向中国建设银行提交合同等材料，并提出融资请求；最后，经中国建设银行审核同意后，提供信贷服务支持，并严格控制其提货权。在这个过程中，核心企业还要承担无条件退款、回购和连带责任保证等义务。金银仓类融资业务产品可分为金银仓及汽贸融两类产品。汽贸融指专门针对汽车行业核心企业的一款综合金融服务产品，业务模式基本一致（见图6-4）。

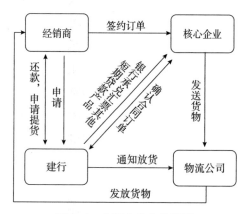

图6-4 金银仓业务流程图

金银仓业务产品的主要优势如下：一是对核心企业而言，其接到货物订单后，既能够提前回笼销售资金，组织生产、发货，又能够大大节约资金占用成本，提升资金的使用效率；同时，还能够畅通销售渠道，提高自身产品的市场竞争力。二是对下游经销商而言，其通过持核心企业确认的、中国建设银行认可的购销合同就能够获得信贷资金支持，从而有效解决自身购货的资金短缺难题，并根据销售进度情况，灵活掌握贷款和还款时间。

（三）应收类业务模式

应收账款类型的融资产品主要是指供应链上游企业将经银行认可的应收账款质押给银行，以便获取商业银行信贷资金支持的一款产品。该产品能够广泛应用于交易双方，以赊销作为交易模式，且交易的下游企业资信状况良好。应收账款类型的产品还款来源依赖于应收账款，这种产品模式与传统的短期类贷款产品相比，其更加注重和关心应收账款的质量变化情况和资金流的控制能力情况，而对客户自身在商业银行的信用等级与担保方式的要求相对不高，能够很好地帮助客户提前实现销售资金回笼，降低销售财务风险，改善企业财务报表结构。

目前，中国建设银行的该业务主要分为两大类型，分别是国内保理和应收账款质押。这两类产品的主要区别是：国内保理是供应商将应收账款直接转让给商业银行，业务到期后，下游客户将直接汇入商业银行指定账户的账款作为还款资金，这就相当于商业银行买断了该笔应收账款；应收账款质押是指供应商将其应收账款质押给商业银行，但是该应收账款的所有权仍然归供应商所有，业务到期后，将供应商自身的销售收入作为还款资金。这两类产品的运作模式大致如下：

1. 国内保理业务

保理是指卖方根据契约关系将其现在或将来的、基于其与买方订立的基础商务合同所产生的应收账款转让给银行，银行针对受让的应收账款为卖方提供应收账款管理、保理预付款和信用风险担保等服务的综合性金融产品（见图6-5）。国内保理业务是商业银行向国内企业提供的保理业务。根据对象、方式等不同，可细分为定向保险、工程保险和信用保险等产品。

该业务本质上就是一种应收账款的买断式业务，对买卖双方以及商业银行三方来说，均能够带来裨益。就卖方而言，这种业务既能够为现有或潜在的优质客户提供更具竞争优势的付款条款，从而更好地拓展市场，又能够很好地改善企业财务报表结构。买方能够以更加宽松的付款条件获得商品，这就好比商业银行向其提供了无偿信用支持。通过开展该类业务，商业银行可以进一步夯实客户的合作基础，提升优质客户的忠诚度，很好地替换风险相对较高的传统信贷业务产品，获得可观的中间业务收入。

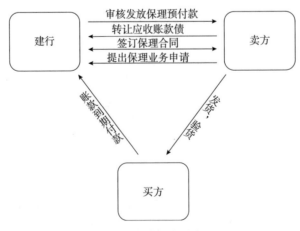

图6-5 保理业务流程图

2. 应收账款质押业务

应收账款质押业务指的是在正常生产经营过程中，信贷业务申请人以其具有真实交易背景且无争议的、中国建设银行认可的应收账款作为质押担保，向中国建设银行申请授信的业务（见图6-6）。应收账款质押业务包括各类贷款、票据融资、小微企业供应贷和前置商业发票融资等各类信贷品种。该产品主要具备两大优势：一是企业根据自身的实际需求，灵活地提早变现应收账款，切实加快营运资金的周转效率；二是还款方式更加灵活，企业既能够直接使用自有资金偿付借款，又能够等到买方到期后支付货款，从而用来归还借款。

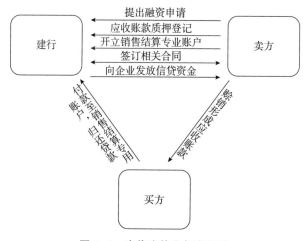

图6-6　应收账款业务流程图

三、中国建设银行供应链金融的风险管控

风险管理指各类社会组织与自然人为了有效管控、消除风险，获得最大安全保障，依托风险识别、预测、度量和评价等手段，优选风险管控方法组合，以达成这一目标的科学决策过程。商业银行风险管理就是为了避免难以预知因素造成的不利影响，纠正最终收益偏离预期目标的情况，采取科学的控制或化解措施进行修正的活动。供应链金融作为一种新兴的信贷业务模式，对商业银行而言，就像一把"双刃剑"，一方面可以丰富商业银行的产品模式，从而更好地服务市场需求，带来丰厚的收益；另一方面其诞生也为商业银行经营埋下了风险的种子，风险如影随形，并不断演化与作用。

目前，供应链金融风险管理已成为商业银行风险管理中一个重要的组成部分，与传统信贷业务相比，虽运作模式存在差异，但同样面临着信用、操作及市场这三大风险影响。

（一）供应链金融的信用风险

商业银行面临的信用风险是指因信贷业务申请人没有能力或无意愿承担契约规定的偿付责任，导致商业银行产生损失的可能性。长期以来，因为银企信息不对称、企业内部管理不规范及财务制度不健全等风险因素，导致企业信用风险暴露频频发生，给商业银行造成了重大损失。所以，各家商业银行一直高度重视自身的信用风险管控。目前，中国建设银行十分重视供应链金融的信用风险工作，但为了加快业务推进以及配合现有风险管理模式的工作需要，基本延续了原有的风险管理流程。

通常情况下，各家商业银行在对授信客户进行风险识别、度量与评估时，能够采取多种方法对其进行信用风险评级，包括内部评级数据体系、风险参数、评级维度、评价等级与压力测试等方面。由于在供应链模式下，授信客户的信用风险已产生重大变化，不再仅受原有自身风险因素的影响，更多的是随供应链环节风险的变化而变化。因此，对于供应链金融授信客户而言，中国建设银行主要从定性分析和定量评估两个维度进行风险识别、度量与评估，从而判断其是否满足自身信用风险的管理规定。

定性分析主要分为三大步骤，重点在于考察供应链贸易的现实情况。第一步，调查授信企业的情况，进而分析供应链的完整性和稳定性。通过深入企业，开展细致的市场调查，通过梳理整个供应链的流程以及彼此的贸易关系，追踪整个链条中的资金流、信息流和物流的现状及流向，从而综合考察和评价上下游企业的经营情况、资金实力、生产能力、偿债能力、周转能力、作用以及彼此依赖程度等多个方面，最终确定该链条的整体完整性与稳定性。第二步，加强行业调研和分析，研判授信客户履约能力。依托中国建设银行丰富的人力资源，建立庞大的行业研究团队，对供应链金融授信客户所在行业的发展现状及趋势进行较为系统的分析，再通过了解授信客户的经营现状、产品竞争力与市场份额等，较为客观地预判行业的发展前景及客户的持续盈利能力，防止出现因行业变化及客户自身原因而导致的其履约能力不足的情况。第三步，重点关注贸易的真实性，遏制信用欺诈行为。通过调阅以往的贸易合作记录，审查双方签订的贸易合同，实地走访或电联上下游客户，结合行业贸易惯例，摸清双方贸易背景的真实性、结算方式的合理性及未来各方履约的可靠性，避免授信客户可能存在的信用欺诈行为，从而切实降低自身面临的商业风险。

定量评估依托中国建设银行原有的主体指标评级体系，通过授信客户的信用评级指标体系，对供应链授信客户的信用风险进行较为客观的评价，尚未建立有针对性的供应链金融信用风险评级体系。自2013年以来，中国建设银行整合以往分散的信用风险评价指标管理职能，在总行新成立了信贷管理部，加强了信用风险的定量评估工作。

（二）供应链金融的操作风险

商业银行面临的操作风险是指因商业银行员工的人为错误、内部系统或流程运作失效等，导致商业银行产生损失的可能性。近年来，中国建设银行越来越重视操作风险的管理，已初步建立了"双线管控，全面布局"的管理模式。首先，从总行开始优化操作风险的管理模式，将其从风险管理部剥离，专门成立内控合规部来统一管理全行的操作风险，并在省、地级市的分行部门，同时在全行每个网点配备兼职内控管理员，强化操作风险管理。其次，针对相关业务存在的操作风险，各业务条线采取对应措施，实施有针对性的管理手段，落实条线管理责任，努力做到责任到岗、落实到人。

目前，供应链金融的操作风险分散在信贷业务流程的多个环节。我们大致可将其分成四个关键环节，分别是贷前调查、授信审批、贷款发放与贷后管理。

贷前调查环节：中国建设银行依托各类风险管理系统，通过落实客户经理与风险经理（或是信贷业务主管）双人上门调查以及客户经理与风险经理共同平行作业等，基本能够较好地履行风险管控职责，降低风险因素疏漏和误判。

授信审批环节：中国建设银行严格遵守《商业银行法》，已实行"审贷分离、多级审批、岗位分设、集体决策"等制度。目前，中国建设银行供应链金融授信审批体系仍沿用原有的审批体系和系统，根据客户规模、授信金额、集团关系以及业务发展需要等因素，可将其分为三种情况，第一种是在分行审批权限内的，由其自行审批；第二种是属于总行审批权限的，必须上报总行；第三种是针对特殊客户的，可通过审批绿色通道，享有优先审批权，比如，一些合作关系良好的大型企业以及其因需要办理超出其现有授信额度范围的业务而产生的新增需求。

贷款发放与贷后管理环节：这两个环节是供应链金融中订立契约、落实条件以及管控其资金流和物流的重要环节，操作繁杂且频率高，操作风险较为密集。中国建设银行根据各种供应链金融产品的特征，分别设计出相应的产品合作合同、担保合同以及第三方监管协议等，并规范相应的填写要求；在放款过程中，专门成立省级及地市级分行放款中心，实行"集中审核、多层复核、集中放款"的一体化流程操作，杜绝在契约订立和条件落实中可能存在的明显漏洞。同时，中国建设银行优选信誉高的第三方合作单位，并按内部管理要求，落实定期走访、实时监控和严格核查等动作，有效降低了外部欺诈风险。

（三）供应链金融的市场风险

商业银行面临的市场风险是指受到产品价格以及利（汇）率等市场波动的影响，商业银行产生损失的可能性。供应链金融市场风险主要是指因授信客户的商品行情变化、汇兑损益以及抵质押物价值波动等因素，可能带来的偿债能力不确定性。目前，在存货类供应链融资的业务模式中，市场风险的表现更为突出，其本质是货物控制权下给予企业授信支持的业务模式。当前，中国建设银行初步搭建了市场风险管理框架。在总行设立风控委，由其统一管理全行的市场风险战略与政策，同时，成立市场风险管理部，牵头全行的市场风险管理。一级分行明确牵头部门的职责，组建市场风险管理团队，加强市场风险研究，努力降低市场风险暴露带来的损失。2011年底，中国建设银行设立了金融市场部和商品期货交易部，专业负责商品、期货交易及其他模块的管理，通过明确职责分工，基本实现了市场风险管理职能与经营职能的相对独立。目前，在存货类供应链融资的业务模式中，质押物多为钢材、原油、铜和农产品等大宗商品，近年来其价格波动幅度增大，给中国建设银行的市场风险管理工作和业务发展带来了巨大挑战。

第三节　中国农业银行的供应链金融实践

中国农业银行成立于1951年，是中华人民共和国成立以来第一家具有商业性质的银行，也是中国金融体系重要的组成部分，是四大国有商业银行之一。中国农业银行目前涵盖融资、结算和增值服务三大类，包括基础产品、组合产品及服务方案等。

一、中国农业银行供应链金融的发展历程

中国农业银行（农业银行）的供应链金融业务的开展时间较晚。2000年左右，在与一些大型企业开展合作的过程中，大型企业出于自身加强供应链管理的需要，向农业银行提出合作需求，由农业银行向其上下游客户提供配套的融资服务。农业银行供应链金融发端于此，与大型企业合作开展供应链金融服务的产品研发，并逐步形成了较为完整的产品体系和服务模式。面对互联网金融创新的热潮，农业银行以对公网络贷款产品为突破口，实施互联网金融创新的战略。2014年初，总行设计完成了互联网金融服务平台（即磐云平台）的搭建，并成立了互联网金融推进办公室。磐云平台是农业银行适应互联网与传统金融融合发展的新趋势，针对互联网金融信贷业务而独立研发推出的业务管理与操作系统平台，对外通过互联网与企业相关系统对接，对内与农业银行信贷管理系统群等系统对接，通过银行与客户信息交互及信贷业务的自动化处理，进行业务申请的分发传递、客户数据分析、会计核算处理和业务统计管理，实现对商流、物流和资金流的实时跟踪监控，实现客户营销、业务办理和风险控制的在线处理。经过近十年的发展，农业银行设计、研发了一系列供应链金融产品，形成了覆盖线下和线上的供应链产品体系，主要产品包括应收类、预付类和存货类三大系列二十多个品种，同时，培养了较为扎实的供应链金融客户基础，综合效益明显。

二、中国农业银行供应链金融的主要业务模式

供应链金融按照不同的标准，有不同的划分类型。按照融资对象在供应链中所处的地位以及银行提供的质押担保方式的不同，可以划分为以下三种类型：

（一）卖方电子订单融资模式

在供应链交易中，上游供应商为核心企业提供原材料等配套服务，由于处于相对弱势地位，往往被下游核心企业延期付款，从而形成应收账款。为了解决备货和日常经营中资金不足的问题，供应商可以利用核心企业的增信作用，将大型企业的应收账款转让或质押给农业银行，从而获得融资。根据应收账款是否转让给银行，可以分成两种模式，衍生出不同的产品。一种方式是如果应

收账款转让给农业银行，农业银行从上游供应商手中取得应收账款的所有权，应收账款的无法回收风险则转移给农业银行。另外一种方式是不转移应收账款的所有权，而是质押给农业银行，则融资企业仍需对应收账款回收承担责任，如果应收账款到期无法收回，则农业银行可向融资企业行使追索权。

（二）买方电子订单融资模式

该模式是针对供应链下游的中小企业向上游供货商支付货款时存在的资金缺口而设计的。在该模式下，中小企业以自己和上游核心企业因交易而获得的订单提货权作为质押，向农业银行申请融资。银行通过对核心企业的资质和实力考察，认为核心企业具备回购能力，则与供应商签订回购协议，同时，与第三方物流监管企业签署仓储监管协议。农业银行在批复中小企业融资申请后，通知核心企业将货物发送到第三方物流监管公司仓库，由物流监管企业实行监管；核心企业向农业银行出具交货后获得的电子仓单，农业银行核实后将融资款项直接支付给核心企业；当经销商向银行交纳一定比例的保证金之后，农业银行会向物流监管公司仓库发出发货指令，仓库按照银行指令的内容逐步向经销商发货，这一过程不断循环往复，直至货物提取完毕。融资企业以销售货物所得的经营收入来偿还融资，如果融资企业经营出现风险，则由核心企业承担回购责任。相较于卖方电子订单融资模式来说，该模式增加了第三方物流企业，由其来监管质押物品，业务操作相对复杂。

（三）电子仓单融资模式

在生产经营阶段，生产过程中的原材料、半成品等存货占用了中小企业的大量流动资金，导致流动资金不足。为了获取流动资金，中小企业以农业银行认可的仓储公司出具的电子仓单作为质押，向银行申请融资，这就是电子仓单融资模式，该模式既能为企业的上游供应商提供融资，又能为下游经销商提供融资。

三、中国农业银行供应链金融的风险管控

供应链金融属于创新型金融业务，随着银行业竞争愈加激烈，供应链金融产品的种类不断丰富，能否控制住供应链融资过程中的风险便成了成功的关键。中国农业银行供应链金融的风险如下：

（一）供应链金融的信用风险

在供应链金融业务中，信用风险是供应链上某一企业由于主观或客观因素，导致不能按照约定履行相关义务，从而给银行信贷资金造成损失的可能性。具体来看，农业银行供应链金融业务的信用风险包括以下几种：

（1）相关参与主体不利变化形成的信用风险。一是融资企业风险。融资企业本身的资质较差，抗风险能力弱，一旦不能按时偿还银行贷款，就会给农业银行带来损失。二是核心企业风险。供应链金融最大的风险隐患来自于核心企业。在供应链金融中，农业银行为中小企业提供融资，依靠的就是核心企业的信用支持。如果核心企业出现经营问题，那么上游供应商拥有的应收账款就无法获得，对下游经销商的回购担保就会落空，从而大大增加了农业银行对中小企业提供融资的损失风险。

（2）供应链整体运行不佳而形成的信用风险。供应链是一个复杂的系统，供应链的整体运行不佳，不仅会增加供应链上各企业的运行成本，降低企业间信息流、物流和资金流的运作效率，还可能会造成供应链上各企业的利益冲突，形成系统性的信用风险，给农业银行带来严重损失。一般来讲，影响供应链运行效果的因素既包括宏观经济发展、行业景气度等外部因素，也包括供应链的市场地位、管理水平等内部因素。而且，内部因素对供应链整体风险水平起着决定性作用。

（3）贸易背景不真实及信息不对称造成的信用风险。供应链金融基于核心企业与为其提供原材料供应、产品销售服务的企业之间真实的购销和交易关系提供融资。如果不符合融资条件的中小企业与核心企业串通伪造交易获取融资，且融资后改变融资用途，会给农业银行的资金安全带来重大威胁。另外，第三方物流监管企业在为银行提供服务时，比农业银行更了解商品的市场价格，更能掌握专业的评估方法，这就在物流企业和银行之间产生了信息不对称。如果物流监管企业接受融资企业的好处，高估质押物价值或放松监管，帮助融资企业套取更多的银行资金，那么可能造成质押价值不足等风险。

在传统信贷模式下，农业银行主要通过审核企业经营状况、财务结构、偿债能力以及担保抵押等方面，辅之以征信记录、环保评价等外部信息来进行主体评级。我国中小企业的发展历史较短，存在规模小、资质弱等先天不足的缺陷，加上管理人才缺乏、财务管理不规范等问题，中小企业风险特征与大型企业存在明显区别，传统的适用于大中型客户的信用风险识别方法并不能准确识别其信用风险。供应链金融模式下的信用风险识别与传统方法比较，最明显的区别在于弱化对企业自身的要求，改变偏重于对财务报表的分析和担保抵押的依赖，更注重贸易背景的真实性、物流和资金流的稳定性。因此，农业银行获取信息的渠道从融资企业自身转向以核心企业为主导的整条供应链，获取的信息相对来说更全面、更及时、更可靠，为中小企业提供更好的金融服务创造了条件。目前，农业银行"线下＋线上"的供应链金融既完全包含了线下供应链金融注重贸易背景的特点，又兼具了互联网智能、开放、共享的先进性特征，为农业银行向中小企业融资以及开展信用风险管理提供了更加高效、便捷的平台。农业银行遵循风险因素的相关性、全面性和可操作性原则，选择定量指标与定性指标相结合的方式，组成风险评价指标体系，构建评级模型，对供应链风险进行评价。

（二）供应链金融的操作风险

农业银行供应链金融自发端到现在只有十几年时间，关于操作风险的研究缺乏风险损失数据的积累，风险度量和控制仍处于初级阶段。操作风险导致的损失往往无法提前预知，并且损失数额一般比较大，给供应链金融发展带来了巨大风险隐患。对农业银行来说，供应链金融中的操作风险主要是由人员、内部流程和网络系统等因素造成的。

（1）人员因素风险。无论何种信贷业务的运作，都需要人来执行操作，因此，人员因素不可避免会对业务造成一定的影响。目前，供应链金融将融资申请、业务审批、贷款发放、资金支付和贷款管理等业务操作流程迁移到线上，为了确保信息流的交互确认和业务流程的严密，线上的业务操作环节和复杂程度大幅增加，对操作人员的专业技术要求也增高，操作人员由于业务能力不足或操作失误等客观原因而犯错的概率大幅上升。从主观上讲，银行从业人员还可能与外部人员内外勾结，利用业务环节中的漏洞进行欺诈，从而对银行造成风险。农业银行供应链金融的发展时间不长，业务流程建设还存在不够完善的地方，加上对网络操作的依赖，人员操作风险发生的可能性较大。

（2）业务流程风险。供应链金融的发展，经历了业务流程的重新设计，新的流程如何设计很大程度上受到银行自身信息化程度、现行信贷管理机制及发展理念的制约。由于组织机构和管理机制的原因，农业银行供应链金融没有统一的供应链金融管理部门，产品散落在各个业务部门，产品的流程设计等尚没有统一的规范要求；在异地客户管理的协作上，各机构之间还没有建立良好的协作机制，异地客户风险管理存在薄弱环节。目前，业务流程一般包括供应链准入、授信、融资申请、业务审核、贷款审批、贷款发放与支付、贷款收回及贷后监测等，但由于发展时间很短，流程设计上必然存在许多不完善的地方，因此埋下了风险隐患。从业务流程的执行上看，由于涉及环节众多，参与主体众多，在流程设计还不完善、人员素质达不到要求的情况下，极易发生操作风险事件。流程风险不仅包括银行授权不恰当、授信审批不合理等内控体系问题，还包括信息传递不及时所带来的流程缺失。贷后管理对预付款模式以及存货质押模式而言，涉及第三方物流监管企业的一系列操作过程，是操作风险比较集中的环节，比如，存在因监管不到位致使货物脱离监管、货物价值高估等问题。业务流程的操作风险普遍存在，且具有偶发性和滞后性的特点，提前预防具有很大难度，只有等到风险发生后才能发现。

（3）网络系统安全风险。目前，商业银行供应链金融大都利用计算机网络系统完成业务流程，农业银行也不例外，一旦网络出现问题，农业银行可能面临重大损失，因此，对计算机网络的依赖，致使供应链金融面临系统安全风险。比如，计算机硬件毁损可能造成客户数据丢失；软件系统的漏洞可能被内部人员利用酿成网络欺诈，也可能被外部黑客、病毒攻击，造成系统瘫痪或数据泄露，给银行和客户带来不可估量的损失。

操作风险的研究和管理是一个逐步深入的过程，具体可以分为操作风险的识别阶段、操作风险的量化和追踪阶段、操作风险的计量阶段及操作风险的整合管理阶段，这四个阶段逐层深入、逐层完善。目前，商业银行对操作风险的管理大多处于识别及量化和追踪的初级阶段，度量还存在着相当大的困难。较常见的是采用操作索引以及风险目录的方式来管理，通过建立操作风险数据采集系统来进行数据采集和分析，得出不同业务的操作风险可能损失率，并以此为风险评估和决策提供参考。农业银行目前操作风险的管理也采取该种方式，并针对流程、人员和系统方面的风险采取了相应的应对措施。

（三）供应链金融市场风险

市场风险是指由于金融资产价格和商品价格的波动，给商业银行表内、外头寸造成损失的风险。市场风险主要包括汇率、利率、商品和股票四类风险。在供应链金融模式下，市场风险主要指的是质押商品的种类选择和价格波动使农业银行遭受损失的风险。

在卖方电子订单融资和电子仓单融资两种模式中，融资运作都是以农业银行控制货权为前提，质押物的选择至关重要。如果质押商品本身的权利归属存在纠纷或瑕疵，或是质押商品性质不稳定，易变质、难以储存保管，没有成熟的交易市场，变现能力差，会导致质押商品处置出现困难，或者只能低价变现，致使银行债权出现损失。另外，质押商品的价格一般处于上下波动的状态，质押过程中容易出现贬值或是不足值质押的风险，一旦出现风险，商业银行会被动处置质押物，由此产生的市场风险就更大。

质押商品市场价格的波动可能导致质押商品价值减少，从而无法覆盖银行债权本息形成风险，因此，对质押商品的价格波动监测和价值跟踪至关重要。农业银行应通过加强对质押商品市场信息的关注，全面收集和分析市场公开信息，有效掌握市场变动对商业银行供应链金融市场风险的影响。根据质押物的属性、特征等选择合适的评估方法，在分析评价外部评估机构评估结果的基础上，结合市场价格水平，合理确定质押品价值。

第四节　中国银行的供应链金融实践

中国银行作为国有控股大型商业银行，将服务国家实体经济发展放在重要位置，高度重视供应链金融业务的发展。近年来，中国银行发挥自身的国际结算经验优势，借助全球服务网络和多元化金融服务平台，凭借在贸易金融领域的专业能力与海内外联动优势，打造供应链金融产品体系，解决传统信贷模式下中小微型企业融资困难的问题，逐渐树立起自身的供应链金融品牌形象。

一、中国银行供应链金融的发展历程

2007 年金融危机爆发的影响波及世界各个范围，银行业收紧银根，压缩信贷额度。借助持久以来贸易金融的发展优势，中国银行在原有的国际国内信用证、保函、国内国际保理、出口押汇、福费廷、打包贷款和提货担保等贸易融资产品的基础上，开创了"达"字系列的供应链金融产品。2007 年 7 月中国银行首次推出了"融易达"这一供应链金融产品，利用核心企业买方比较充裕的授信资源，为上游中小企业供应商提供授信支持，提升供应链整体实力，解决中小企业融资难问题的同时，优化了企业财务报表。

中国银行供应链金融业务的发展，最初在各个二级分行层面开始，各分行根据客户融资需求和授信额度特征，以及当地经济发展情况和同业业务开展经验，以核心企业为枢纽，在传统贸易融资的基础上，根据客户的不同需求和特点提供差异化的供应链金融服务，并延伸到其上下游，各银行间的供应链金融业务得到迅速推广。2009 年 6 月，中国银行总行专门成立了供应链团队，从全局角度对供应链金融业务进行管理，制定供应链金融业务的发展方针、政策和战略，指导全辖供应链金融业务的发展，同时，将行内原有的主要供应链金融产品，如保理产品、订单融资及"达"字系列产品（包括"融易达""融信达""融货达""通易达"）等重新作了梳理。经过十多年的发展，中国银行供应链金融业务已形成涵盖应收账款类、货押类和预付 / 应付类融资等近二十项产品，可为供应链企业提供从原材料采购、生产备货、装运到最终销售的全流程融资方案，有效解决客户应收、应付和存货等各类融资需求。

二、中国银行供应链金融的主要业务模式

（一）融信达业务

中国银行凭借相关的贸易单据、投保信用保险相关凭证和赔款转让协议等资料，向出口商提供资金融通服务。"融信达"业务主要为上游企业和核心客户提供应收账款融资，与传统贸易融资的不同之处在于引入了第三方信用。在传统业务中，中国银行对供应链下游境外客户的应收账款并不能全部予以准入，信用模糊的境外客户的信用风险较高，中国银行一般谨慎介入或要求企业追加保证金以降低融资风险，而融信达业务则有效解决了这个问题。对于已投保信用保险的出口业务，由保险公司负责境外公司信用调查，且对该笔应收账款承保，银行、出口商和保险公司三方签订《赔款转让协议》，由银行享有保单项下赔款权益，对于银行而言，大大降低了该笔应收账款违约的风险，增加了授信发放额度；对于企业而言，有利于提高应收账款的流动性，有效规避汇率风险，增强与下游客户的合作，"融信达"业务提高了银企双方业务的粘性。

（二）票据贴现和信用证议付业务

核心企业与上游供应商约定的结算方式主要为银行承兑汇票和国内信用证。中行在为核心企业开立银行承兑汇票或国内信用证的过程中，容易掌握上游供应商的信息及该笔贸易的背景，从而开展有针对性的营销。票据贴现业务及信用证议付业务随着供应链金融业务的发展，而得到更为普遍的推广，一方

面中小微企业开始成为商业银行的重点目标客户，另一方面供应链思维使商业银行发现供应链条式营销比单一客户营销效果更为显著，风险把控更为可靠。票据贴现和信用证议付业务无须为企业核定授信额度便可为票据或信用证持有方发放融资，减少企业授信额度的审批流程，增加商业银行的利息收入和中间业务收入，成为商业银行营销中小微企业的两大切入点。

（三）中银信贷工厂

中国银行通过对核心企业进行资金流向数据分析，筛选出核心企业上下游中小微型客户，以客户转介绍的方式，推广中小微型企业的授信业务。以核心企业为中心，在整条产业链上进行客户群体拓展，挑选出发展前景较好的优质企业，通过中银信贷工厂制定相应的融资方案，然后以上下游企业为核心企业分别进行新供应链条上的营销，形成一个多点辐射的供应链式营销方式。供应链金融模式的推广应用，一方面改善了传统银行金融服务的单一模式，丰富了企业对银行服务的选择，增加了中行与核心企业的业务往来，提高了中行的授信额度占用率，从而稳固了与核心企业的合作关系；另一方面中行以核心企业的上下游企业为目标客户，利用贴现、议付和信贷工厂等业务为多家中小微型企业提供金融服务，有效地拓展了客户群体，增加了盈利收入。

三、中国银行供应链金融的风险管控

（一）供应链金融的信用风险

信用风险是供应链融资业务中最重要的风险，信用风险的识别与评估是定量分析和定性分析相结合的一个过程，中国银行在信用风险计量实践中，引入了统计模型技术来建模，同时结合主观判断模型技术，综合使用计量工具，充分反映了客户信用风险的整体分布。

中国银行利用自身形成的内部客户信息数据，建立统计样本库，对于新建企业客户和非新建企业客户的信用风险，运用公司违约概率（PD）模型来识别、度量客户的风险价值。在 PD 模型中，根据公司规模进行分类，分为大型公司客户和中小型企业客户，并形成自身的违约概率分布模型。在规模确定后，将客户按照行业进行分类，如制造公司客户、批发公司客户和基础设施建设类客户等，通过样本数据的选取，形成行业客户的违约概率模型。根据银行内部采样数据，对 PD 模型进行定期修正，并形成违约损失率的后验模型。

中国银行将信用风险等级具体划分为 AAA、AA、A、BBB+、BBB、BBB-、BB+、BB、BB-、B+、B-、CCC、CC、C 和 D 十五个级别。其中，D 级为违约级别，其余为非违约级别。各等级含义如表 6-1 所示。

表 6-1　中国银行信用风险等级分类

级别	信用	偿债能力	未来一年的违约可能性
AAA	极好	很强	无
AA	优良	强	基本无
A	良好	较强	可能性较小
BBB+	较好	有一定的偿债能力	可能性较小
BBB	较好	有一定的偿债能力	可能性略高于 BBB+
BBB-	较好	有一定的偿债能力	可能性略高于 BBB
BB+	一般	偿债能力不稳定	存在一定的违约可能性
BB	一般	偿债能力不稳定	存在一定的违约可能性，略高于 BB+
BB-	一般	偿债能力不稳定	存在一定的违约可能性，略高于 BB 级
B+	欠佳	偿债能力不足	违约可能性较高，但违约可能性略低于 B- 级
B-	欠佳	偿债能力不足	违约可能性较高
CCC	较差	偿债能力弱	违约可能性高
CC	很差	偿债能力很弱	违约可能性很高
C	极差	几乎无偿债能力	违约可能性极高
D	截至评级时点客户已违约		

（二）供应链金融的操作风险

操作风险的识别主要是在供应链融资业务过程中，对各个业务环节中工作要求及规定动作存在的风险进行识别。供应链融资业务中的操作风险存在于贷前尽职调查、授信审批、贷中发放审核和贷后管理等各项环节中，风险因素包括内部程度、系统原因、人为原因、操作流程原因以及外部欺诈等。

中国银行对于操作风险的评估主要分布在贷前、贷中及贷后三个环节中，既要对企业以及借款人之间的贸易往来、交易信息等进行风险评估，又要对贸易往来过程中产生的物流及现金流进行控制。因此，供应链融资业务的贷前调查专业化要求较高，中国银行制定了供应链融资业务的操作规程，明确了各个环节的规定完成动作、相应的反馈机制及评分标准，形成了中国银行风险管理能力评价体系。每笔业务完成后，通过评级体系的综合得分来评估本笔业务中存在的操作风险，并进行分析评价和操作规程调整。

（三）供应链金融市场风险

在供应链金融业务中，银行的市场风险主要是指因市场供求关系的变化导致商品或者抵质押物价格发生波动的风险。中国银行对于市场风险的管控可以从以下三个方面进行：

1. 选择价格波动不大的抵质押物

中国银行在供应链金融业务中一般需要足额的抵质押物来保证融资的安全性，主要体现在抵质押物的价格稳定性及变现能力上。银行发放融资后，就开始承担抵质押物带来的市场风险，其种类也决定了市场风险的程度。因此，银行要选择在市场上价格波动不大，需求浮动不大的商品来作为抵质押物，且需设置一定的抵质押率来确保担保的有效能力。

2. 建立市场价格的预警体系

中国银行需要建立市场价格的预警体系来及时获得实时的市场价格，提前应对市场价格波动。该体系要涉及国家政策变化、行业变化、市场供求量和市场价格变动等情况，从而全面的分析、监控和预警，提前应对，最大限度地规避市场风险。

3. 运用市场风险转移策略

银行可以通过转移市场风险给第三方来规避抵质押物所引起的市场风险。在融资发放前与核心企业协定好，当市场风险导致抵质押物的价格发生变化使担保失效时，由核心企业来承担该抵质押物的回购。

第七章

股份制商业银行的供应链金融业务

第一节　股份制商业银行开展的供应链金融业务的
发展现状

一、股份制银行开展供应链金融业务的优势

从国家层面讲，虽然股份制银行在规模和市场上与大型国有商业银行相当，但是大型国有商业银行作为重要的国企，国家许多相关优惠政策往往更适用于国有商业银行，无法照顾到股份制银行的需求；从地方层面讲，地方政府在制定相关政策时，更多地倾向于惠及本地区的地方银行或者地方金融机构，或者将本来股份制银行可以参与的业务，通过设置一些行政法规来阻挡股份制银行的进入，将业务分给各自地区的银行，以此来保护本地区的地方银行。在这种上下夹击的情况下，股份制银行需要在夹缝中寻求一条新的出路，于是开展了供应链金融业务。

大型国有商业银行提供贷款时，通常需要提供抵押物或者担保，中小企业由于规模较小、固定资产较少、抵押担保物不足等原因，仅依靠自有资产从大型国有银行贷款的难度很大；在与国有银行等这些大型银行竞争时，股份制银行的优势很弱，因此，为了提高业务量，股份制银行将目光集中在中小企业上，贷款政策也较国有银行更为宽松。股份制银行通过开展供应链金融业务，将对上下游中小企业的信用考察转移到对核心企业的信用考察，利用互联网大数据对企业进行分析，从对单个企业的资产负债表、利润表等财务具体情况的分析转移到对整个供应链所有信息流的分析，整条供应链的核心企业、上下游

中小企业的运营数据都会在线上披露给银行，银行进行专业的数据分析，直接核定是否授信，简化了融资手续和流程，最重要的是授信更准确，相对于之前银行直接给中小企业提供贷款的方式，供应链金融业务以核心企业为担保，在增加业务量的同时，能够更好地降低自身贷款回收的风险，在一定程度上缓解了中小企业融资难的问题，达到了双赢的效果。

二、国内股份制商业银行供应链金融的开展状况

我国最早的供应链金融产品领域的实践活动可以追溯到 20 世纪 20 年代上海银行进行的存货抵押贷款。但在随后的时间里，一直持续到改革开放以后的很长一段时间，由于监管机制严格、创新意识不足等种种原因，中国商业银行的业务模式一直局限于固定资产抵押和保证担保授信，极少涉足新领域的探索。与国际上成功的实践相比，目前，国内供应链金融的发展较为滞后，无论是银行、企业，还是其他参与主体，都还处在刚刚起步的阶段，产品服务体系、风险控制手段、业务经验、技术水平和配套法律法规等方面均有较大差距。

在各行的努力下，我国供应链金融已经初步形成了较为完备的产品服务体系。随着利率的市场化改革和金融市场的日益开放，商业银行在传统业务上的竞争日益激烈，为了争夺产业链上下游的优质中小企业，各大商业银行均开展了各具特色的供应链金融服务。工商银行、中国银行、建设银行和农业银行四大国有银行均已建立了较完善的供应链金融服务体系，其他股份制银行也结合自身的业务特点开展了相应的特色供应链金融服务，其中，平安银行（原深圳发展银行）、上海浦东发展银行（简称浦发银行）、民生银行等股份制商业银行走在了我国金融机构发展供应链金融业务的前列，具体如表 7-1 所示。

表 7-1　商业银行供应链金融业务发展方向分析

银行名称	业务名称	成立时期	业务特点
平安银行	供应链金融 2.0	2012.12.29	"供应链金融 2.0"是平安银行继 2009 年推出线上供应链金融服务以来的品牌升级，其特色是利用平安集团自建的金融信息平台实施运作，实现金融服务的"在线可得"与多方信息的"清晰可见"两大功能

银行名称	业务名称	成立时期	业务特点
民生银行	产业链金融	2008	民生银行利用专营机构的优势，通过"商行＋投行"的产品组合打通整个产业链条，陆续在不同地区成立了多个专注于某一产业的金融中心，例如，乳业金融中心、茶叶金融中心、海洋渔业金融中心和酒业金融中心等
兴业银行	"金芝麻"中小企业金融服务方案	2006.8.29	"金芝麻"中小企业金融服务方案是兴业财智星的升级版，服务方案囊括十八项单项产品，涵盖中小企业产、购、销三大环节，一站式解决企业面临的八大资金难题
华夏银行	"融资共赢链"	2008.7.11	融资共赢链是华夏银行总行推出的自身供应链金融服务品牌，其特色为海外代付融资链、全球保付融资链，保证了外贸型企业或跨国企业国际票证融资的安全性和便捷性

第二节　股份制银行供应链金融的政策建议

（一）抓紧打造供应链金融服务品牌

据《首席财务官》的调查，目前，各供应链金融品牌大多相似，受众对商业银行的供应链金融品牌区分度不高，这说明了树立品牌的重要性。一方面，银行应整合现有的融资产品，将符合供应链特点的产品纳入供应链金融的范围；另一方面，开发有特色的供应链金融产品和服务，形成有层次、多元化的供应链金融体系，打造供应链金融服务品牌。

（二）深度挖掘核心客户市场，加强供应链金融营销力度

首先，围绕核心客户，摸清供应链企业信息，掌握企业需求点。其次，找准市场目标，落实精准营销。在对企业上下游客户进行详细调查摸底的基础上，通过分析上下游企业的客户情况，制定精准的营销方案和营销策略。最后，根据客户需求制定完整的供应金融解决方案。

（三）完善线上供应链金融服务平台

以交互、协作和可视为理念，完善线上供应链金融服务平台，连接供应链的上下游及各参与方，实现信息流、物流和资金流的统一，构建全方位、全流程、多层次的线上服务体系。首先，要实现业务全流程在线处理。从业务申请、业务审批到融资发放均通过在线平台办理。其次，要加强内外系统的有效对接。将内部系统与外部系统进行渠道接入。最后，要继续深入对大数据的挖掘和利用。利用服务平台所收集的信息，进行更深入、更准确的数据挖掘，开发不同的产品以满足相应的需求，实时根据企业的交易信息为企业提供配套的金融服务。

（四）建立差异化供应链企业准入机制，整合物流、信息流和资金流，创新担保、抵押方式，逐步完善供应链金融风险防控体系

供应链金融的链条环节长且环环相扣，参与主体众多且彼此依赖，某一个环节的问题可能涉及其他环节，影响整个供应链的正常运行，这需要建立系统的风险防控体系。严格确定供应链核心企业的准入条件，选择基础条件较好的企业链群，根据不同成员企业融资需求的风险点差异，设置不同的准入评级机制。利用线上供应链金融服务平台，整合信息流、物流和资金流，加强适时、连续的贷后管理。

第三节　股份制商业银行供应链金融案例分析

一、中国民生银行的供应链金融

中国民生银行于 1996 年 1 月 12 日在北京正式成立，是中国第一家由民营企业发起设立的全国性股份制商业银行。

随着中国经济发展进入新常态，中国银行业面临的经济金融环境发生深刻变化，受长期多层级信用穿透难、核心企业准入门槛高、下游融资风险大及跨地区辐射半径减弱等多重因素的影响，银行信贷一直难以有效地覆盖处于供应链长尾端的中小微企业。多家银行着力于搭建创新供应链金融商业模式，民生银行除了具有的新型模式，还专门成立供应链金融事业部，积极探索，初步完

成了全链条线上化产品体系"E系列"，包括应收E、赊销E、仓单E和采购E等主体产品的搭建。在存贷汇投的基础上，立足于行业角度，形成了完善的个性化的解决方案"通系列"，包括医药通、政采通、佳酿通、车销通、建工通和家电通，重点覆盖医药、政府采购、汽车、白酒和家电等关系国计民生、生产制造及消费等主流行业，为供给侧结构性改革和经济转型发展过程中供应链生态圈的优化和良性循环，做了大量的思考，并付诸实践。民生银行在2011年曾荣获"影响中国2010~2011年最佳供应链金融银行"称号。

（一）中国民生银行实施供应链金融的平台

中国民生银行通过"一圈两链"来打造供应链金融的生态圈，并推出"商贷通"产品来专门服务"一圈两链"。"一圈"指的是各个城市的大型商圈，"两链"指的是围绕核心企业销售链下游的经销商和核心企业供应链上游的供应商。"商贷通"则是将中小企业贷款业务定义为商户融资产品，并建立了"信贷工厂"作业模式，通过审批流程的再造，大幅提高了服务效率。

民生银行产业链金融包含四大产品平台，分别是动产融资（现货抵质押、仓单质押等）、应收账款融资（订单融资、收货收据融资、保理、应收账款质押等）、预付款融资（差额回购、阶段性回购、调剂销售等）和组合类融资（购销通、海陆仓等）。

目前，民生银行产业链金融针对16个产业链特点开发了相应的产品，具体包括工程通、衣贸通、煤融链、绿农银、银港通、佳酿通、通讯贷、商超通、珠宝贷、纸贸通、油贸通、棉贸通、路融通、焦易通、建融通和钢贸通等。

（二）中国民生银行供应链金融的服务模式

民生银行推出的"产业链金融"拥有近30多个产品、20多个行业综合解决方案和多种个性化商业模式，是针对整个供应链的链式服务模式。民生银行主要是基于民营和小微企业在日常生产和经营过程中产生的融资、支付结算和资金增值等，通过线上化、网络化、可视化的模式开展服务的，主要包括核心企业链网络模式、交易平台网络模式、产业集群网络模式、供应商平台网络模式和第三方机构网络模式五种。

数据显示，民生银行2018年通过建立供应链金融合作的核心企业约85个，带动的上下游企业近5000余家，其中，95%都为民企及中小微型客户。通过此模式年内投放表内外信贷资金800余亿元。

自去年以来，民生银行聚焦六大行业，给不同企业提供综合金融服务。例如，为汽车经销商提供采购融资服务，为白酒经销商提供"采购融资＋资金结算"方案，为家电经销商提供订单和采购融资服务，解决医药流动领域流通企业的应收账款问题，为大型施工企业的上游中小微型供应商提供应收账款融资，为政府采购场景下获取订单的供应商提供运营资金。

二、平安银行的供应链金融业务

平安银行股份有限公司，截至 2019 年末，在职员工 34253 人，通过全国 91 家分行、1058 家营业机构为客户提供多种金融服务。银行于 2014 年修建了旗下供应链平台和金融电商通道的合成体——橙 e 网，主要是为供应链企业提供网上融资机会，为中小企业搭建无偿的经营平台，同时提供企业和个人的投资理财、保险等综合金融服务。借助大数据和云计算，实现了某银行与其企业的线上平台对接及数据共享。

（一）平安银行供应链金融业务模式
1. 全流程线上保理化模式

平安银行作为中国供应链金融的开创者，自 2007 年起，便依托互联网技术发展线上供应链金融，2012 年采取供应链金融 2.0 等供应链融资模式，2014 年提供商业保理云平台，2017 年推出供应链应收账款服务平台（Suppy-chain Account receivable Service，SAS），以 SAS 平台为载体，围绕客户应收、应付端业务需求，将现金管理、KYB 等业务嵌入 SAS 平台。通过微服务等方式，为客户打造全套服务，持续赋能生态圈，做大做强供应链现金管理业务。

截至 2020 年 3 月末，以平安银行为某集团提供的供应链应收账款服务平台项目为例，根据网络金融平台统计，集团已有 168 家核心企业和 3785 家供应商注册开通了线上服务（见表 7-2），基本实现了全流程线上化管理。

表 7-2　注册企业统计查询列表

统计维度	核心企业数量	已注册开通的供应商数量	未注册开通的供应商数量
平台	168	3785	1837
二级企业	16	344	170

续表

统计维度	核心企业数量	已注册开通的供应商数量	未注册开通的供应商数量
三级企业	78	2122	1069
四级企业	66	1258	522
五级企业	5	57	76
六级企业	3	4	0

　　SAS 银行平台是一个在线转账和应收账款管理的平台，用户主要为供应链上下游的中小微企业。在这个平台上，具有优质商业信用的核心企业对到期的付款责任进行确认，所有供应商应该将确认以后收到的账款传送给上一级经营商来偿还债务，或转让给机构受让方获取融资，客户使用授信资金受让账单时，出账时效实现 T+0 当天急速放款，从而盘活存量应收资产，如图 7-1所示。

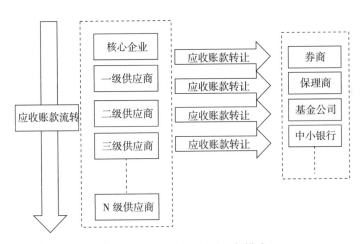

图 7-1　平安银行 SAS 业务模式

　　根据 SAS 平台统计，截至 2020 年 3 月末，某集团签发总额度 3303650 万元，累计交易金额 721036 万元，供应商累计融资金额 219513 万元，如表 7-3所示。SAS 平台对资金流、交易流和信息大数据进行统筹管理，在技术和法律风险管控机制下，精准打击集团子公司融资难、融资慢等痛点。

表7-3　业务总数据列表

统计维度	总签发额度（万元）	累计交易金额（万元）	供应商累计融资金额（万元）
平台	3303650.00	721036.01	219513.70
二级企业	293740.00	73599.48	9204.21
三级企业	2214622.00	509353.38	177375.64
四级企业	791328.00	136987.39	32643.32
五级企业	2800.00	1034.70	290.52
六级企业	1160.00	61.06	0

平台与中登网直连，避免应收账款重复转让或抵押，对接外部资金，实现应收账款资产的快速变现、流转，高效剔除传统应收账款的融资缺陷，降低业务风险。SAS平台核心企业在签发应收账款时，同意供应商让应收账款在机构里运转，同时应用完整的流程信息记录和总账交互，自动确认收款，开启线上汇款通知，解决了自主手动控制和认证的问题。各公司在平台上审核，并在互联网上发布应收账款信息，这与公司的定期付款紧密相关，解决了供应商因处于弱势地位而导致的应收账款拖欠问题，使公司的采购更加规范透明化，尽量避免权力寻租的现象。

2. ERP系统监管融资

ERP系统是集物资管理、人力资源管理、财务资源管理和信息资源管理于一体的系统。其关键思维是采用监视密钥，对整个供应链进行有效管理。

平安银行推出ERP系统监管融资对该系统进行监测，实时、有效地了解企业的所有生产经营活动，以这种方式形成一种为企业提供特殊金融服务的金融供应链产品。由于融资时对企业报表的过度重视和对企业自身经营情况的轻视，传统的担保方式为银行贷款带来了巨大的风险。但ERP系统和以往的企业发展方式不同，它对企业财富、经营形式和管理途径等采取线上监控并逐渐进行更进，在一定程度上实现了传统业务与贸易融资业务的优势互补，既有助于企业优化业务流程以及企业核心竞争力的提升，又提高了银行收益和竞争能力。

（二）平安银行供应链金融业务的发展困境

1. 外部监管缺失

目前，我国金融监察机构处于调适转变期，缓慢地由分业监管走向混业监管，2018年3月银保监会已完成整合。在这个转换的突破期，大量监管的真空地带不见了，更多的重叠地区却没有了确切的归属限定，反而，又重返到了真空地带。供应链金融为银行业与物流业的混业经营。第一，由于供应链金融业务性质的原因，不仅要对接供应链中的许多参加主体，各个主体之间还有杂乱的关联合作情况，这就对我国监察机构的工作设置了很高的门槛。传统融资工作的那一套监察形式在这里是不适合的。第二，中小企业融资借贷的风险监管是监管机构的着重关注点。只要把它投入到供应链金融里，就会产生外围监管之间的"碰撞"。但由于中小企业自身固有的脆弱性、不稳定性和经济发展以及社会环境等因素，容易出现拿到融资却破产重组的现象，因此，在不打压市场积极性的同时，对我国金融监管机构进行严格的监管，是一种巨大的挑战。

2. 供应链金融产品同质化严重

随着电子商务的快速发展，中小企业的融资意愿呈现出"井喷式"的发展趋势，而商业银行的产品也基本定型。客户的不同需要是单一金融产品不能满足的。目前，平安银行推广的线上供应链金融产品较为全面（见表7-4），主要是线下产品，线下的物品基本上都可以在线上运行，总体而言，目前，平安银行提出的产品与其他商业银行的供应链金融产品较为相似，不利于抢占市场份额。

表7-4 商业银行传统供应链金融产品

类型	产品
存货类	动产质押（动态监管）
	动产质押（静态监管）
	非标准仓单质押
预付类	厂商银（差额回购、调剂销售）
	厂商担保、厂商保购
应收类	保理融资
	保理池融资
	应收账款质押
	应收账款池质押
	订单融资

类型	产品
组合产品	汽车供应链（合格证监管＋汽车抵押质押）
	厂仓银（四方保税仓）
	阶段性回购

Part 4

第四部分

基于电商平台的供应链金融业务

第八章

基于 B2B 电商平台的供应链金融业务

电子商务使人们足不出户就能完成商业交易，其巨大的便利性开启了网络经济时代的一种全新运营模式，在其影响下供应链之间的竞争也参与其中。而供应链金融作为金融服务创新的一个研究领域也逐渐延伸到 B2B 电子商务中。随着供应链金融模式的不断成长壮大，国内一些较成熟的 B2B 电子商务平台与银行合作为客户提供融资服务，B2B 平台开展企业金融贷款服务，将 B2B 平台上的供应链数据转化为金融机构认可的信贷资质，开启了电子商务下的供应链融资。B2B 电子商务平台的供应链融资带来了企业价值链、供应链的变革，是真正意义上通过核心企业将银行、企业和客户三者有机结合起来的一种共赢的增值模式。这种全新模式的出现使中小企业融资难、贷款难的问题得到缓解，增加了企业在平台上的主动活跃度，提升了融资业务利益相关者的综合经济效益，有效地降低了银行的金融风险，提升了供应链整体运作的稳定性。

第一节　B2B 电商供应链金融的介绍

一、平台式 B2B 双边市场供应链金融

中小企业对我国经济的健康发展有着不可忽视的作用，平台式 B2B 双边市场恰好符合当前我国的经济发展形势。平台式 B2B 双边市场的成功运作主要取决于其在平台上的频繁交易，只有大量的企业在平台上实现交易，才能保证平台的高流动性，使平台实现高效运作。所以，平台式 B2B 双边市场的重点是增加平台上中小企业的规模。平台式 B2B 双边市场可以为上下游企业提供一个快速联系的平台，能实现更好的供需匹配，从而实现快速的销售过程，在这个平台上的上下游企业都可以获得相同的服务，企业都需要按照一定的标

准来规范相应的行为，使平台上的上下游企业间的信息交流更加合理高效。同时 B2B 双边市场具有较好的网络外部性，使用该平台的企业越多，企业从该平台取得的有用价值越高，那么就会有越来越多的企业进入该平台，平台对企业的吸引力就会增强，平台就能更好地实现高效率运作。

二、B2B 电商供应链金融模式的操作流程

大部分 B2B 电商平台均会选择与商业银行合作，以自身的信用水平作为条件，帮助中小企业向银行申请融资贷款。这种模式的操作流程如图 8-1 所示。

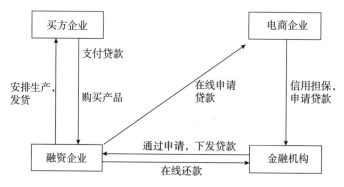

图 8-1　B2B 模式操作流程

从图 8-1 可以看出，首先由买方购买产生订单，其次融资企业在线向电商企业申请贷款，电商企业审核通过后，以自身信用作为担保申请贷款，金融机构收到电商企业的申请后进行查看，查看无误后，通过申请并发放贷款，再次融资企业凭借贷款进行生产，并发货给买方企业，最后买方企业支付货款，融资企业在线还款。

三、B2B 电商平台供应链金融的优缺点

（一）B2B 电商平台供应链金融的优点

（1）采购成本低。企业通过与供应商建立企业间电子商务，实现了网上自动采购，减少了双方为进行交易投入的人力、物力和财力。另外，采购方企业可以通过整合企业内部的采购体系，统一向供应商采购，实现批量采购，从而

获取折扣。如 Wal–Mart 将美国的 3000 多家超市通过网络连接在一起，统一进行采购配送，通过批量采购节省了大量的采购费用。

（2）库存成本低。企业通过与上游的供应商和下游的顾客建立企业间电子商务系统，实现了以销定产、以产定供以及物流的高效运转和统一，最大限度地控制了库存。如 Dell 公司通过允许顾客网上订货，实现了企业业务流程的高效运转，大大降低了库存成本。

（3）周转时间短。企业还可以通过与供应商和顾客建立统一的电子商务系统，实现企业的供应商与企业的顾客直接沟通和交易，减少周转环节。如波音公司的零配件是从供应商采购的，而这些零配件很大一部分是在它的顾客航空公司维修飞机时使用。为了减少中间的周转环节，波音公司建立了电子商务网站，实现了波音公司的供应商与顾客之间的直接沟通，大大减少了零配件的周转时间。

（4）市场机会大。企业通过与潜在的客户建立网上商务关系，覆盖了原来难以通过传统渠道覆盖的市场，增加了企业的市场机会。如 Dell 公司开通网上直销后，有 20% 的新客户来自于中小企业，通过与这些企业建立企业间电子商务，大大降低了双方的交易费用，增加了中小企业客户网上采购的利益动力。

（二）B2B 电商平台供应链金融的缺点

（1）盈利模式和销售方式单一。盈利可通过广告和会员两种方式，而销售仅使用电话销售。

（2）操作过于简单，未满足需求。B2B 电商平台不注重企业的真实需求，未站在企业的角度考虑，一味考虑赚钱。而且 B2B 平台涉及行业、类目众多，但是平台自身对此并没有专业人才。

（3）信用和售后问题不能保证。内容丰富，但安全及诚信问题仍无法保证，售后问题不能有效保证和处理。

四、平台式 B2B 双边市场供应链金融面临的问题

当前，我国的平台式 B2B 双边市场供应链金融虽然实现了大规模的发展，但是仍然存在着一些问题，如交易的安全性问题、交易平台在设计过程中存在缺陷的问题及从传统的实体交易转变成线上的虚拟交易的不适应性问题等。其中，最为主要的问题是交易的风险性问题和物流的风险性问题。

B2B 双边市场上的交易是无法直接接触到交易实物的，另外，我国的商业信用体系不是特别完善。因此，在交易过程中可能存在一系列的欺骗行为等问题，一些上下游的企业可能会担心所购买的货物是否真实可靠、是否能按时收货、对方能否按时付款以及在线支付是否存在安全性等一些问题。除此之外，平台上的交易信息的安全性问题也是影响其发展的主要因素，一些潜在的参与者因担心交易过程中的信息会被泄露而一直处于观望的状态。

物流企业对平台式 B2B 电商双边市场来说有着至关重要的作用，缺少了第三方物流，B2B 双边市场的价值会大打折扣。平台式 B2B 双边市场是将物流外包给独立的第三方物流企业。我国第三方物流的发展仍存在不足，缺乏有效的物流配送系统，整个物流系统存在大量的小型物流企业，这些物流企业不能完全满足 B2B 双边市场的交易需求，它们的运营能力有限，站点分布不广，会使物流的成本有所增加，而且物流的配送速度也会受到一定的限制。

第二节 阿里巴巴供应链金融案例分析

一、阿里巴巴供应链金融的运作模式

（一）阿里巴巴的背景介绍

阿里巴巴成立于 1999 年，发展速度快，到今天已经形成了多个部门单元、多种业务模式，阿里巴巴旗下的部门包括：阿里国际，它主要是通过阿里国际这个平台来帮助世界上的小型企业发展国际业务，到现在，该部门拥有的国际用户数量和小型企业的商户数量都已经达到了一定规模；阿里小企业，它面对的主要对象和阿里国际不同，它是针对国内小企业的一个电子商务平台，同时该平台所拥有的小型企业的用户数量和加入平台的企业商户数量都超过了阿里国际；淘宝网，它是一个较为典型的 C2C 模式的电子商务平台，淘宝网的主要目标是建立一个较为完善的生态环境，使淘宝网的整个系统都能更便捷；天猫，它是一种以 B2C 模式为主的电子商务平台；聚划算，它是向用户开展团购的一种电子商务平台；一淘，它是收集优惠信息，并向用户提供这些信息的购物网站；阿里云，它主要提供数据服务，利用先进的云计算技术向电子商务的数据搜集以及数据处理提供专门的服务；支付宝，它是当前主流的第三方支付平台，具有一定规模的交易量；浙江阿里小贷股份有限公司，它成立于2010年6月，主要目的是解决国内电商平台上小微企业融资难的问题，帮助小微企业获得贷款，以满足小微企业的发展需求；重庆阿里小贷股份有限公司，它的成立满足了小微企业的融资需求。

（二）阿里巴巴供应链金融的运作模式

阿里巴巴的供应链金融针对的是小额贷款，形式有阿里巴巴小额贷款和淘宝的小额贷款。阿里巴巴小额贷款主要针对B2B电商平台，阿里巴巴电商平台上的企业可申请获得一定的贷款，这种贷款模式的金额为5万元以上100万元以下，时间也较为宽裕，周期一般为一年。这种贷款模式具有特殊性，是一种循环性的贷款方式，首先需要一定的金额作为备用，这一部分的备用金不用于其他的用途，同时也不获得利息，因此，就可以保证边借用边还款；还有一种是固定贷款的模式，这种模式是在获得贷款之后一次性给企业贷款所有的金额。淘宝的小额贷款是针对B2C电子商务平台上的用户所提供的一种贷款模式，包括订单模式的贷款和信用模式的贷款。这类贷款模式的贷款金额较少，可贷款的金额最多为100万元，订单模式的贷款时间较短，一般为30天；信用模式的贷款周期相对较长，一般为6个月。淘宝的小额贷款程序较为简单，先在网上提出申请，审核通过后，贷款方就可以获得这一笔贷款。

二、阿里巴巴的网络效应分析

阿里巴巴是全球领先的B2B电商平台，阿里巴巴电商平台的上下游都有着众多的客户群体，阿里巴巴平台的规模效应、倾向性定价以及平台上提供的多产品服务策略都推动着阿里巴巴电商平台的网络效应的形成。

（一）阿里巴巴电商平台的规模效应

阿里巴巴电商平台的双边用户数量较多，具有良好的规模效应。在这个关系的基础上，我们可以知道平台两端的用户之间的需求存在很大的关联性，即使平台两端的用户所接受或者所提供的服务是有区别的，但是这些并不会影响用户需求之间的关联性，这种现象就是一种规模效应。当所面临的条件不变时，平台一端的用户规模发生变化，会使另外一端的用户产生一种回馈式的变化。

阿里巴巴 B2B 电子商务平台上的中小企业数量上亿，其中，国内供应商的数量就有 100 多万，国外供应商的数量达到 2.5 万；国内采购商数量有 1000 多万，国外采购商数量有 1 亿多。阿里巴巴平台上的供应商数量不断增加，促使平台另一端的采购商也不断增加，采购商数量的增加也反过来促使供应商数量的增加，用户规模的不断增加对于双方来说都是有利的。随着用户数量的不断增加，阿里巴巴电商平台收取到的会员费用也会随之增多，阿里巴巴的利润也会随之增多。这个平台上的正向规模效应推动了平台的网络效应的产生。在 2016 年的财务年报中，阿里巴巴电商平台上的成交金额超过 3 万亿元，相比于上一年度的成交额，增长率达到 27%，这一庞大规模的成交金额并不逊色于欧美主要发达国家全年的国内生产总值。随着国家"一带一路"的推进，阿里巴巴平台的规模效应也越来越强，平台上的供应商和采购商扩展到海外国家和地区，其中，欧洲的采购商所占的比例高达 40%，北美洲所占的比例达到 23%，南美洲所占的比例有 14%，中东地区所占的比例有 5%。阿里巴巴平台上的规模效应推动了平台的网络效应。

（二）阿里巴巴供应链金融的定价分析

阿里巴巴供应链金融主要是针对其平台的特性来进行的，阿里巴巴电子商务平台上的用户主要是小微企业以及个人，因此，阿里巴巴电商平台的目标客户也是平台上的一些小微企业和个人。阿里巴巴的贷款模式是一种信用贷款，阿里巴巴电商平台建立了相应的信用评价体系，该体系通过将目标客户在平台上的交易数据进行整合和分析来评判对方的信用状况，从而使贷款的成本降低，为目标客户提供更加便捷的贷款融资服务。

阿里巴巴平台的小额贷款存在着多种类型，有订单质押贷款、信用贷款、专项贷款和网商贷款等贷款类型。对于订单质押的贷款，这类贷款的目标客户是淘宝以及天猫平台上的供应商，贷款风险可以被较好地控制，因此，可以将供应商的销售订单作为贷款的质押，当供应商通过支付宝平台收到买家的金额时，就可以实现还款，供应商的还款日期也是自由的，所以，一般采用日利率来计算，这类贷款的日利率为 0.05%，折算成贷款年利率为 18% 左右。对于信用贷款，这类贷款需要阿里巴巴电商平台提前为贷款人确认一定的备用金，纯信用则要求贷款申请人有较好的信用，需要对对方的信用进行评估，因此，成本也相对更高，日利率为 0.06%，折算成年利率为 21% 左右。对于专项贷款，这类贷款主要是针对因在平台上进行宣传促销而贷款的供应商，贷款风险相对于平台来说也较好控制，因此，日贷款利率为0.05%。对于网商贷款，这类贷款的目标客户是B2B平台上的商家，对商家的要求也较高，贷款的申请人要求是商家的法人或者是商家的相关负责人，贷款的风险能被较好的管理，所以，这类贷款的利率低于上述的贷款利率，但是略高于银行的正常贷款利率。阿里巴巴供应链金融的定价趋向于多元化，依据不同用户的风险大小程度，对不同的用户采用不同的贷款方式和利率，因此，可以使更多的用户进入该平台，平台的网络效应也将得到更好的实现。

（三）阿里巴巴电商平台的多产品服务策略

阿里巴巴电商平台的服务越来越趋于多元化，服务内容除了基本的电子商务服务和菜鸟物流的服务，还有云计算服务、蚂蚁金融、平台广告服务以及跨境贸易服务等特色性的增值服务。此外，阿里巴巴基于自有的电子商务平台形成了较为完整的商业生态圈，囊括了健康医疗、配套的生活服务、游戏、视频以及音乐等娱乐化的相关服务。首先，对于阿里巴巴特色的阿里云服务，2016年年度财务报告显示，阿里云计算服务的营业收入高达30.19亿元，增长率高达138%。目前，在中国不仅是大量的创业型公司选择阿里云计算服务来进行商业创新，还有中石油公司、中石化公司、国家电网、海关以及北京国税等大型企业和政府机构也选择云计算服务。参与阿里旅行的信用住酒店的用户超过3万家，因此带来的相应的使用用户也将增加，平台的网络效应也将增强。其次，蚂蚁金融也是一个很有特色的服务，在每年的一些特定的购物节，阿里巴巴电商平台都有巨大的成交额，蚂蚁金融下的蚂蚁花呗可以说是推动购物节巨大成交量的大功臣，因为蚂蚁花呗为用户提供了一种"先购物后支付"的消费体验。蚂蚁金融发布的蚂蚁花呗用户的有关消费数据显示，在北京、上海等一些大城市中，蚂蚁花呗的消费对总体消费的贡献度高达30%，蚂蚁花呗的使用群体主要是"80后"和"90后"。当前，支付宝不断升级，已经初步实现了"全球收，全球付"的效果，同时还可以实现18种货币结算功能，海外的使用用户也已经超过了4000万人。阿里巴巴电商平台上的产品服务提供的越多，相应地，平台上的用户数量也会不断增加，因此，平台的网络效应就能得到体现。

第三节　敦煌网供应链金融案例分析

敦煌网成立于2004年，是中国国内首个实现在线交易的跨境电商B2B平台，以中小额外贸批发业务为主，致力于帮助中国中小企业通过跨境电子商务平台走向全球市场，开辟一条全新的国际贸易通道，让在线交易变得更加简单，更加安全、高效。

敦煌网贷款为全平台的企业和个人卖家开放。针对企业卖家，先后与建行合作推出了e保通，与招行合作推出了敦煌网生意一卡通，与民生银行合作推出了敦煌新e贷白金信用卡。除此之外，敦煌网还推出了敦煌电商数据贷、结汇宝和回款宝，帮助敦煌网卖家实现资金快速周转，不再出现货款压滞的情况。

（1）e保通。2011年，敦煌网和建行推出e保通产品。该产品主要依据订单开展服务。对于符合要求的用户，在其产生订单之后，用户需要把发货信息传送回敦煌网，确认信息准确之后，反馈给建行，建行在收到信息之后，将80%的资金发放给用户，另外20%的资金要等到买家确认收货后再发放。

（2）敦煌网生意一卡通。敦煌网还和招商银行合作发行了联名金融服务卡敦煌网生意一卡通。正常情况下，类似招行"生意贷"等产品，用户必须拥有营业执照才能申请，但现在，只要用户在敦煌网上有半年的交易记录，就能申请该借记卡。拿到这张卡的用户最先享受的优惠是所有结算都免费。根据用户订单交易数据与招行信用值，用户可以申请到5万~150万元的额度。

（3）敦煌新e贷白金信用卡。敦煌新e贷白金信用卡是中国民生银行联合敦煌网为敦煌网卖家量身打造的专属服务，是白金卡级别。敦煌网卖家可根据自己在敦煌网的综合交易情况获得最高50万元的授信额度，无须提供抵押担保。

（4）敦煌电商数据贷。敦煌电商数据贷是专为中小电商解决融资难题的大数据金融服务综合平台。基于敦煌大数据，借款用户仅需在线提交个人有效身份信息与一个或多个不同平台的店铺经营数据，即可进行实时授信，进而更加高效、快捷地为用户解决资金周转问题。

（5）结汇宝。结汇宝产品是提供给外贸电商客户的，是基于外币兑人民币的外汇交易产品。为满足外贸电商客户的换汇需求，通过即期外汇和远期外汇交易方式，以具有竞争力的汇率价格为客户提供优质的结汇服务。

（6）回款宝。回款宝是一款信用融资产品，发货即放款，让客户的资金周转速度倍增，使用门槛低，还款自由灵活。

敦煌网 B2B 平台主要运用了电子信用融资模式和电子订单融资模式，所推出的供应链金融产品全面考虑了平台上买卖双方融资难的问题。

第四节　摩贝供应链金融案例分析

摩贝诞生于 2011 年 3 月，最初是服务于中科院的研究型数据平台。其商用版摩贝网站于 2013 年 9 月上线，服务于全球化工、医药和新材料等行业，致力于打造集化合物数据库、行业资讯、化学品现货交易、供应链金融以及专业仓储物流为一体的化学品电商综合服务平台。

摩贝供应链金融依托于摩贝化学品电商综合服务平台，主要为化学品企业提供线上线下供应链金融服务，致力于使化工企业采购、制造、销售和代理等流程中的资金更充裕、交易更便利。

一、摩贝电商平台的多产品服务策略

目前，摩贝有四项供应链金融服务，分别是订易通、仓融通、赊销通和 1+N 联营。

（1）订易通。客户向上游供应商采购原材料，需要资金支持，可向平台申请订易通系列产品。客户与平台签署相关合同，由平台向供应商直接支付采购款，供应商收款后，备货并向客户发货，客户收到货物后，根据约定的偿还（结算）方式，在截止日期前归还融资款及相关费用。

（2）仓融通。客户为锁定产品价格期望主动囤货，大批量采购，分批量生产销售，或因大量库存产品占用资金，期望盘活库存，可向平台申请仓融通系列产品。客户与平台签署相关合同，客户将货物存放至平台指定的仓储公司，并向平台转移货权，平台按约定向客户或供应商支付资金，客户可补货循环使用额度，融资到期后，客户归还融资款及相关费用。

（3）赊销通。客户向下游采购商赊销产品，期望尽快拿到销售回款，可向平台申请赊销通系列产品。客户与平台签署相关合同，经确权后，由平台向客户支付应收货款，采购商在付款截止日期前向平台支付货款，平台扣除融资资金及相关费用后，余款划转至客户账户。

（4）1+N 联营。它是针对生产型或者贸易型客户应收款的全面解决方案，申请方便快捷、通过率高。摩贝风控体系与双方合作数据可以帮助客户降低应收款风险，同时客户账务表明应收款比例明显下降。

二、摩贝商业模式

摩贝已与平安银行、招商银行和广发银行等专业金融机构展开供应链金融战略合作，推出"银企通"金融合作项目。在该模式下，银行、企业和摩贝平台三方紧密合作，银行等金融机构基于企业客户在摩贝平台上的在线交易数据，以摩贝金融前置风控和资信评估为基础，为目标企业提供资金融通，实现三方共赢。

具体操作方式为企业通过摩贝申请银行授信，企业资质通过银行审核后，企业获得银行授信额度，与银行签订贷款协议；此授信额度限定在摩贝平台采购产品时支付所用（即企业使用授信额度支付采购款给摩贝）；支付时，确定资金使用期限和还款日期；到还款日，企业还款给银行，并支付相应的贷款利息。客户最高可享受 100% 的采购融资款，最高 1000 万元授信，最长 12 个月授信期限，最长 6 个月单笔用款期限。授信额度可循环使用，随借随还。

第五节　善融商务企业商城案例研究

善融商务是由中国建设银行推出的电子商务金融服务平台。它集融资流、信息流和物流为一体，为客户提供信息传播、网上交易、支付结算、分期付款、融资贷款、资金托管和房地产交易等全方位的专业服务。

B2C 善融商务个人商城目前有三大类供应链金融服务，分别为个人贷款、信用卡消费信贷和小微企业快贷。

其中，个人贷款包括快贷、善融助业贷款和借贷通三项业务；信用卡消费信贷包括购车分期、装修分期和现金分期三项业务；小微企业快贷包括融 e

贷、快 e 贷、质押贷和税 e 贷四项业务。

B2B 善融商务企业商城目前有七项供应链金融业务，分别是 e 联通、e 速通、e 贷款、e 点通、小企业客户在线融资、个人助业贷款和信贷通。

一、善融商务电商平台的多产品服务策略

（1）e 联通业务。它是指三家及以上借款人，通过网络自愿组成一个联保体，联保体成员之间协商确定授信额度，向建设银行联合申请贷款，由建设银行确定联保体授信总额度及各成员额度，每个借款人均对其他所有借款人因向银行申请借款而产生的全部债务承担连带责任。

（2）e 速通业务。它是指建设银行为满足合作平台上电子商务客户快捷、便利的融资需求，在分析、预测企业第一还款来源以及网络信用的基础上，提供足额有效的抵（质）押担保或由第三方担保而办理的贷款业务，并对网络信用好的电子商务客户给予一定比例的信用贷款。

（3）e 贷款。它是中国建设银行专门为善融商务 B2B 商城用户提供的网络银行融资服务，将善融商务的网络信用记录作为评级的重要依据，实现贷款全流程线上操作，使服务更简单、更快捷、更高效。

（4）e 点通。它是指中国建设银行与供应链核心企业合作，整合双方资源，通过核心企业上游供应商对核心企业供货 / 提供服务所产生的应收账款，为核心企业遍布全国的上游供应商提供"一点接入，全国共享"的全流程网络保理服务，是网络银行业务与国内保理业务有机结合的创新产品业务。

（5）小企业客户在线融资。

第一种是小微企业网银循环贷款业务。

适合客户：开通建设银行高级版企业网银、资金周转较为频繁的小微企业。

产品特点：额度保障，循环使用（在批准的贷款额度内可循环使用，额度最高 1000 万元，有效期最长 1 年）；随借随还，支取方便（在额度有效期内可随借随还，支持通过企业网银自主支付还款，实时到账，实现 7×24 小时服务）；计息灵活，节约成本（按日计息，充分满足日常经营的周转需求）。

第二种是善融 e 贷。

适合客户：入驻善融商务的小微企业商户。

产品特点：依托善融商务，交易有价（以善融商务入驻商户近 12 个月的

交易数据为授信依据）；联通公私账户，结算增信（统筹考虑企业在建设银行的对公账户、企业主及配偶在建设银行的个人账户，有结算、有存款也能提高信用水平）；无须抵押担保，主动授信（纯信用贷款，基于大数据挖掘，主动通过善融商务站内信等渠道推送意向授信额度）。

（6）个人助业贷款。它是指满足客户生产经营的中短期资金需求的个人贷款。

（7）信贷通。它适用于客户在建行新开设或已有的个人小额循环贷款、个人消费贷款、个人助业贷款、个人最高额抵押贷款以及个人质押贷款等业务，适用于各类个人贷款客户，特别是经常消费购物的个人客户以及频繁进行资金周转的私营企业主等。

二、善融商务商业模式

建行电子商务模式是将自身的专业金融服务和电子商务服务结合起来，通过"网上商城＋网上金融"的独特模式，为客户提供更专业的金融服务。

（1）善融商务企业商城。定位为独立 B2B 平台，面向企业用户。主要以专业市场为导向，同时也是知名品牌商品的制造商、授权代理商和特许零售商。

专业市场是指以现货批发为主，集中交易的某类商品具有较强的互补性或替代性，是典型的有形市场，是主要从事生产、贸易等业务的个体企业或小企业。其业务主要有批发业务、零售业务、现货交易和远期合约交易。相关产业包括原材料、工业产品、服装辅料、家居百货公司和皮革制品等。专业市场管理模式包括专业市场管理模式和银行管理模式。专业市场经理管理模式适用于没有平台的紧缩市场，银行管理模式适用于宽松市场。发展专业市场的目的不仅是要在专业市场中联机，而且还要保证市场上绝大多数商家在网上做生意。

（2）善融商务个人商城。定位为 B2C 平台，面向个人消费者。

在善融商务个人金融服务方面，客户不仅可以享受无抵押小额贷款，还可以申请个人质押贷款，在线完成贷款申请、支用和查询等，就连房屋买卖、自主交易及住房贷款等也都可以在善融商务上完成。此外，善融商务还提供了信用卡分期、贷款支付等多种支付方式，通过信用卡分期和个人融资商户贴息等模式降低了客户的融资成本。

第六节　总结与建议

网络信息时代的快速发展，带动了供应链金融的迅速发展，供应链金融可以说是时代变化的一种创新性产物，供应链金融的出现不仅为企业带来了一定的发展动力，促进企业更好地实现自身的发展，同时还给银行业带来了一定的挑战，加快银行业的创新和突破，以便更好地适应时代的发展。供应链金融发展过程中的风险控制是一个比较大的问题，给金融监管行业带来了一定的挑战。本书分析了阿里巴巴供应链金融的网络效应，阿里巴巴可以算作是电子商务企业的一个代表，在一定程度上可以使阿里巴巴平台上的规模经济得到较好的实现，所以供应链金融的网络效应具有一定的优势。

通过本书的研究，对供应链金融的网络效应发展提出以下建议：

（1）对于平台的建立，需要加强宣传，实现良好的品牌效应，网络效应的发挥需要平台上的用户达到一定的规模效应。比如，政府或者具有一定影响力的企业等对平台进行宣传，吸引大中企业加入平台，在平台上实现交易以及服务，这种网络效应的实现不仅对平台自身的发展有很大的好处，还有助于中小企业实现更便利的融资。

（2）通过不断加强平台的设计，更新平台的功能，使平台为企业以及用户提供更加便捷和多元化的服务；要利用大数据以及云服务等技术将平台上的相关数据进行有效的分析以及处理，以便更能针对性地为用户提供精准化的服务，精细化的平台设计往往可以吸引更多的企业或者用户加入该平台；同时还要注重对平台所提供的服务的创新，加入核心要素，使用户获得的增值服务得以增加。

（3）在供应链金融的发展中不能忽视风险的管理，阿里巴巴在成立阿里小贷时就设计了一系列的风险管理指标。因此，供应链金融平台要加强对风险的管理与监控，建立实用、有效的信用评估机制，对机制进行更新，以便更好地适应新环境，确保各项资金的安全性以及一定的流动性，使平台实现更加规范化的发展。同时，还需要拓宽资金的来源，阿里巴巴供应链金融的资金来源与商业银行不一样，商业银行吸收资金较便利，但阿里巴巴是不能大量集资的，因此，要注意资金的运行管理。

第九章

基于 B2C 电商平台的供应链金融业务

近年来，我国 B2C 电子商务飞速发展，从商品销售到配套服务都取得了显著成效，但仍有许多地方需要不断完善。总体看来具有以下几个特点：第一，B2C 电子商务网站数量持续增加，且经营产品由原来的音像图书、服装和日用品等简单易描述的商品转向越来越多的商品类型，网购商品的种类已基本不受限制，但网站商品的质量管理总体情况欠佳，一些服装、鞋、小家电和通信器材等日常生活类商品存在质量不过关的情况。第二，与电子商务发展相配套的物流配送有了很大改善。B2C 网站无论是选择自建物流模式，还是选择与第三方物流企业合作，都在为提升消费者的购物满意度而不断努力，并取得了显著进步。但仍有物流配送标准化水平低，物流服务质量不高，高峰期配送不及时甚至丢件等情况出现。第三，各类在线支付方式的出现及支付技术的不断完善，让网络购物更便捷。同时，如何确保网络支付安全已经成为阻碍网上支付发展的主要问题。第四，B2C 电子商务的售后服务系统更加健全，越来越多的电商企业注重售后服务和客户满意度，60% 以上的公司对售后服务做出承诺。

第一节　B2C 电商供应链金融概述

B2C 是指电子商务的一种模式，是一种直接面向消费者销售产品和服务的零售模式。B2C 电子商务的付款方式是货到付款与网上支付相结合，而大多数企业的配送都选择物流外包的方式以节约运营成本。随着用户消费习惯的改变以及优秀企业示范效应的促进，网上购物的用户数量不断增长。此外，一些大型考试，也开始实行 B2C 模式。其基本需求包括用户管理需求、客户需求和销售商的需求。其中，用户管理需求指的是用户注册及其用户信息管理。

客户需求指的是提供电子目录，帮助用户搜索，发现需要的商品；进行同类产品比较，帮助用户进行购买决策；进行商品评价；能够通过网络付款；对订单的状态进行跟踪。销售商的需求指的是检查客户的注册信息；处理客户订单；完成客户选购产品的结算，处理客户付款；能够进行商品信息发布，在网络广告与银行之间建立接口，进行电子拍卖；商品库存管理；与物流配送系统建立接口；能够跟踪产品销售情况；实现客户关系管理；提供售后服务。

一、B2C 电商供应链金融模式的操作流程

根据图 9-1 所示，B2C 电商供应链是由物流、信息流和资金流三者组成。其中，信息流作为核心步骤，为用户提供准确的产品信息，从而确认下单；物流是针对 B2C 来说的，包括上游采购和下游配送两个环节，主要有自建物流系统（如京东）及外包给第三方物流公司（如淘宝）两种方法；资金流主要来自消费者支付的款项以及 B2C 企业向上游供应商支付的款项。

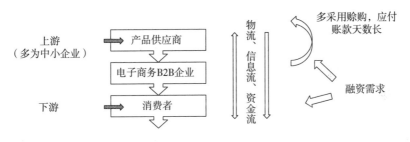

图 9-1　B2C 模式操作流程

由图 9-1 左边的流程图可知，上游中小企业的产品供应商可以根据网上反馈的销售信息等，对自身的生产和供应做出及时的调整；中游的 B2C 企业在根据自身的情况向上游的中小企业进行采购时，选择赊购等方式，以便延长应付账款的天数，大大缩短自己的现金循环周期；处在下游的消费者省去了线下零售商等一些步骤，直接在线上进行比较购买。

B2C 电商供应链金融主要针对上游的产品供应商，因为他们以中小型企业为主，对银行抵押担保贷款的要求无能为力，对市场日新月异的变化难以应对。再有就是身处下游的消费者通过在线支付和货到付款两种方式进行付款，上游的供应商们需要经过一段时间才能拿到，这样长时间的循环导致上游供应商的回款时间拉长，降低了资金周转率。

二、B2C 的商城模式

B2C 商城模式有很多种，可以分为综合 B2C 模式、垂直类 B2C 模式、传统企业转型电子直销模式的 B2C 模式、平台型 B2C 模式、网络销售型 B2C 模式和新一代 B2C 模式等六个类型。

（一）综合 B2C 电子商务模式

实施综合性的 B2C 电子商务模式可以充分发挥企业自身的品牌影响力，寻求产品或服务新的利润点，培养核心业务。综合性的 B2C 电子商务模式以综合型的 B2C 电子商务网站为运营平台，实际上是一个综合型的 B2C 商城。就现阶段 B2C 电子商务网站运营的总体状况而言，综合 B2C 网站建设要进一步细化商品的陈列展示、信息系统智能化等方面。对于新老客户的关系管理，需要精细客户体验的内容，提供更加人性化、直观的服务。选择较好的物流合作伙伴，增强物流实际控制权，提高物流配送服务质量。综合型 B2C 电子商务网站的代表商城是京东商城。

京东商城 B2C 运作模式：由运营模式和物流模式两大部分组成。京东商城作为 B2C 零售企业，收入来源主要以商品零售为主，商品来源于各类产品的生产商和渠道商。其目前主要的销售渠道为 B2C 电子商务网站，客户可以通过在线订购或电话订购的方式来购买商品，选择在线支付、货到付款和自提等方式支付货款。

京东商城 B2C 物流模式：在京东，厂商不需要缴纳进场费、装修费、促销费和过节费。免去各种费用之后，京东的销售利润率比传统渠道高很多，返款周期也较短，仅为 20 天。在库存管理方面，库存周转时间仅为 12 天，与供货商做到现货现结。同时，通过解读京东商城供应链，可以看到，供货、系统、数据、仓储和配送是一个综合的相互作用、不断升级的体系，而累积数据的时间和经验也直接决定着系统对整个供应链的管理效率。

（二）垂直类 B2C 电子商务模式

垂直型的 B2C 电子商务模式以垂直型的 B2C 电子商务网站为运营平台，应当在核心领域内继续挖掘新亮点。积极与知名品牌生产商沟通与合作，化解与线下渠道商的利益冲突，扩大产品线与产品系列，完善售前、售后服务，提供多样化的支付手段。鉴于个别垂直型 B2C 电子商务网站运营商开始涉足不同行业，笔者认为需要规避多元化的风险，避免资金分散。与其投入其他行业，不如将资金放在物流配送建设上。探索物流联盟或协作物流模式，若资金允许可逐步实现自营物流，保证物流配送质量，增强用户的粘性，将B2C电子商务网站的"三流"完善后，再寻找其他行业的商业机会。

（三）直销类B2C电子商务模式

直销模式的B2C电子商务模式，首先要从战略管理层面明确这种模式未来的定位、发展与目标。协调企业原有的线下渠道与B2C电子商务网站平台的利益，实行差异化的销售，如在网上销售所有的产品系列；而传统渠道销售的产品则体现了地区特色，实行差异化的价格，线下与线上的商品定价根据时间段不同调整其高低。线上产品也可通过线下渠道完善售后服务。在产品设计方面，要着重考虑消费者的需求感觉，同时大力吸收和挖掘网络营销精英，培养电子商务运作团队，建立和完善B2C电子商务平台。

（四）平台型B2C电子商务模式

B2C电子商务模式的发展受到的制约因素较多，但在中小企业人力、物力和财力有限的情况下，这不失为一种拓宽网上销售渠道的好方法。关键是中小企业要选择具有较高知名度、点击率和流量的第三方B2C电子商务平台；要聘请懂得网络营销、熟悉网络应用、了解实体店运作的网店管理人员；要以长远发展的眼光去看待网络渠道，增加产品的类别，充分利用实体店的资源、既有的仓储系统、供应链体系以及物流配送体系发展B2C电子商务网站。

（五）网络销售型B2C电子商务模式

传统零售商自建B2C电子商务网站来进行销售，将丰富的零售经验与电子商务有机地结合起来，有效地整合传统零售业务的供应链及物流体系，通过业务外包解决B2C电子商务网站经营过程中所需的技术问题。

（六）新一代B2C电子商务模式

纯网商是指只通过B2C电子商务网站销售产品的商家，纯网商没有线下实体店。纯网商的销售模式主要有自产自销和购销两种。

三、B2C 电商平台供应链金融的优缺点

（一）优点
1. 成本低

B2C 对我国的商业模式进行了一定的变革，物理实体店铺转变为网上虚拟的店铺，人们通过电脑或手机来进行购物。这个流程一共涉及三个主体，即消费者、核心企业和供应商。与传统的线下零售相比，B2C 线上平台的产业链较短，移动互联网、供应商和消费者直接关联，不存在代理与分销等其他环节，减少了成本。

2. 促进融资贷款

为了刺激消费者的消费行为，B2C 平台的商家还提供了货到付款的业务，导致应收账款滞后，进一步延长了资金的流转周期。对 B2C 平台的供应商而言，电子订单融资业务可以迅速实现线上贷款，获得足够的资金进行交货。

3. 贷款风险低

随着"先消费，后还款"的消费理念的盛行，生活消费速度不断加快，额度较大，分期付款的情况较多。因此，在这种状态下，B2C 模式的出现不仅可以对消费者进行消费鼓励，还可以不断采集消费者的消费数据，构建消费者的强大数据库，优化信用评分机制，降低贷款风险。

（二）缺点
1. 出现伪造项目

在 B2C 电子商务模式下，很多想要为企业发展进行融资的公司，为了提高自己的贷款额度会故意伪造企业的很多财务账目，让提供给这些公司贷款的金融机构对该企业有十分高的信心。

2. 信用危机

然而，在该企业的还款过程中，他们也许无法及时还款，可能会出现信用危机，导致提供借款的公司出现资金周转的问题。

四、B2C 电商平台供应链面临的问题

（一）资金周转困难

除了专门化的网上商店外，消费者普遍希望网上商店的商品越丰富越好，

为了满足消费者的需要，B2C 电子商务企业不得不花大量的资金去充实货源。而绝大多数的 B2C 电子商务企业都是由风险投资支撑起来的，往往在把电子商务运营的环境建立起来后，账户上的钱已所剩无几了。这也是整个电子商务行业经营艰难的主要原因。

（二）定位不准

一是商品定位不准，许多 B2C 企业一开始就把网上商店建成一个网上超市，网上商品多而全，但因没有比较完善的物流配送体系的支撑而受到严重的制约；二是客户群定位不准，虽然访问量较高，但交易额小；三是价格定位偏高，网上商店追求的是零库存，有了订单再拿货，由于订货的批量少，得不到一个很好的进货价。

（三）网上支付体系不健全

网上购物的突出特点是利用信用卡实现网上支付。从目前来看，我国电子商务在线支付的规模仍处于较低的水平，在线支付的安全隐患依然存在，多数第三方支付平台由于可直接支配交易款项，所以，越权调用交易资金的风险始终存在。这种不完善的网上支付体系严重制约着 B2C 电子商务企业的发展。

（四）信用机制和电子商务立法不健全

有的商家出于成本和政策风险等方面的考虑，将信用风险转嫁给交易双方；有的商家为求利益最大化发布虚假信息、扣押来往款项、泄露用户资料；有的买家提交订单后无故取消；有的卖家以次充好。而这些现象就是导致消费者对网上购物心存疑虑的根本原因。

第二节　B2C 电商平台供应链金融案例分析

一、京东融资案例

京东在近几年中连续推出了三种融资产品，分别是京保贝、京小贷和动产融资。

（一）京东商城开展供应链金融的情况

1. 竞争风险

电子商务平台层出不穷，但客户数量有限，因此，各个平台间的竞争非常激烈。对京东来说，竞争对手接二连三进入 B2C 市场，增加了其面临巨大竞争风险的可能。

2. 信用危机

因为大型平台大多会帮助各个企业进行信用担保以获取商业银行贷款，所以，会遇到信用问题。如果融资企业在获得融资贷款之后仍然不能改善其经营问题，那么电商平台就会面临信用危机。

京东作为 B2C 模式下的代表企业，它在面临一些风险的同时，也研究出了适合自身企业发展的出路——自营物流。为了提高配送效率、扩大收益规模、降低成本等，京东推出了完整的物流配送系统。大到运输仓储业务，小到配送服务，均由京东一手操办。这种系统对消费者来说最大的好处有两点：一是买家在对比产品准备下单时，京东商品大多会标注预计送达的时间，而很多购物平台却不能提供此服务；二是由于特殊原因，在电商平台显示产品已送达而买家未收货时，消费者可以通过京东的自营物流，迅速找到派送员确认原因。

（二）京东商城商业模式的基本概况

1. 构成要素

（1）用户价值定义。用户价值是指为目标用户群提供的价值，具体表现为向用户提供的产品、服务及销售渠道等，各个价值要素的组合体。

（2）利润方程。采购价和销售价之间的差价是京东商城的直接利润来源。京东商城的产品售价比其在零售店低了 10%~20%；京东采取的是与供货商现货现结的方式，产品的库存周转率很低，仅为 12 天，大大减少了库存成本，使成本率比苏宁、国美低了 7% 左右，同时使毛利率达 5% 左右，以此为终端客户以及供货商提供更多的价值。

开放平台商家的收入包括技术服务费、年费和仓储运输费等。该平台在 2010 年 12 月上线，并于 2011 年开放，之后以最低 200% 的速度增长，以团购、虚拟产品、服装和鞋帽为建设方向，并且整合、并购垂直的 B2C 网站。

京东商城的广告收入高达 7 亿元，并且广告业务收入的增长速度远远高于公司整体收入的增长速度。

（3）核心流程。商业模式包含管理和生产两个核心流程。京东商城作为一个商业企业，其运作流程包含多个环节，包括购入、销售、配送和支付等。

购入环节：京东商城免去了厂商的进场费、促销费、装修费和过节费等各种费用，使销售利润率比传统渠道的销售高出很多。同时，京东商城还给予了厂商 20 天的返款周期。

销售环节：京东商城为纯电子商务企业，只需要在线上销售无须实体店，同时京东商城给予客户永久免费运输的承诺，并在此基础上承担所有的运输风险，以此来实现让客户满意的"售后 100 分"服务。

配送环节：京东建立了四个大型的物流中心，以及几乎覆盖全国各地的诸多城市配送站，以此来实现"211 限时达"服务，并且支持多种配送方式，例如 E 邮宝、上门自提和快递运输等。

支付环节：京东商城可供客户选择的付款方式有货到付款，以公司为单位的转账、线上支付和分期付款等。

（4）关键资源。关键资源指的是企业在生产经营中所需的无形资源或有形资源。

完善的 ERP 系统。通过此系统，京东商城可以掌握其平台上的诸多详细信息，例如，采购员采买的货物数量和日期、产品入库的日期、商品的保质期、商品在仓库货架上的位置、供应商和客户的详细信息以及商品的进货价格等。并且，客户还可以随时查询到商品的具体状态。京东商城为了使客户能及时得到信息，不断更新网页信息，避免缓存。另外，京东商城通过信息管理系统，还可以预测 15 天内的销量，控制库存。

低廉的产品价格。京东商城线上销售的产品价格低于市场价格 10%~30%。例如，其平台上许多高端的国外品牌彩电，可以比市场价格便宜 1 万元。

（5）快捷的物流服务。京东建立了四个大型的物流中心。以及几乎覆盖全国各地的诸多城市配送站。并且在建立了自有快递公司后，京东商城的员工服务质量和物流配送速度都得到了极大的提高。

（6）周全的在线服务。京东商城在保障正品、发票和售后服务方面，推出了诸多措施，例如，"延保服务""价格保护"等，以此来保障客户的诸多利益，受到了客户的好评。

2. 商业模式的创新

京东商城根据国内的情况，运用对亚马逊模式的模拟结果，改变收入的模式，将其电子商务模式进行创新和变革。在抓住电子商务行业发展的机遇的同时，准确把握住了用户的需求和要求，即低廉的价格以及产品的质保。并基于此，建立了一整套关于京东线上销售的解决方案。

京东成功将大额商品放到网上进行销售，区别于亚马逊将图书放到网上销售的定位，取得了不俗的业绩。

（三）京东商城的核心竞争力分析

1. 产品价格

产品价格更低廉。京东的产品价格低，通常要比别人便宜 10%，有些产品的价格会便宜 30%。彩电通常比苏宁和国美便宜 10%~20%，一些高端的国外品牌彩电会便宜 1 万元。

2. 物流服务

物流服务更快捷。京东在华北、华东、华南和西南地区建立了四大物流中心，覆盖了全国各大城市。2009 年 3 月，京东商城成立了自己的快递公司，物流配送速度和服务质量都有了大大的提升。2010 年 4 月初，京东商城在北京等城市率先推出"211 限时达"配送服务，在全国实现"售后 100 分"服务承诺。

3. 在线服务

在线服务更周全。京东商城在为消费者提供正品行货、机打发票和售后服务的同时，还提出了价格保护等措施，解决了消费者的后顾之忧，保护了消费者的利益。京东商城用自己的诚信理念为中国电商企业树立了诚信经营的榜样。

4. 售后服务

售后服务更全面。除了传统的售后服务外，京东拥有自己的特色服务，包括商品拍卖、家电以旧换新、京东礼品卡、积分兑换、上门服务、延保服务和 DIY 装机等，满足了客户的不同需求。

（四）京东商城的盈利模式分析

立足微利，毛利率维持在 5% 左右。2004 年至 2008 年，京东商城的年销售额分别为 1000 万元、3000 万元、8000 万元、3.6 亿元和 13.2 亿元。京东以强大的 IT 系统来处理每天生成的 1500 份订单，在线销售的产品品类超过 3 万种，产品价格比线下零售店便宜 10%~20%；库存周转率为 12 天，与供货商现货现结，国美、苏宁的库存周转率为 47~60 天，账期为 112 天；费用率比国美、苏宁低7%，毛利率维持在5%左右。向产业链上的供货商和终端客户提供更多价值，通过控制成本为消费者提供更便宜、可靠的产品。

（1）资金沉淀收入。利用收到顾客货款和支付供应商的时间差所产生的资金沉淀进行再投资，从而获得盈利。

（2）虚拟店铺出租费。京东商城是具有独立法人资格的零售批发型企业，能为各个生产商、代理商、经销商、零售商、专卖店或者其他电子商务网站的优质商户（包括单位和个人）提供电子商务平台——网上商店，同时京东商城会为他们提供完善的供应链管理和协助，并针对不同的配置收取一定的租金。

（3）广告费。目前，京东约30%的利润来自广告、品牌促销和首发专场活动等。京东商城2008年的广告为几十万元，而2009年的广告收入已超过了1000万元。至今，近80%的主流IT品牌厂商都已经和京东展开直接的合作，相信在未来，京东在这一方面获得的利润会更多，必将在这个平台上独占鳌头。

（五）京东商城B2C商业模式存在的问题

京东商城是目前排名前列的电子商务网站，其从开始的零售行业发展到今天，经历了四个阶段：集贸市、大商场模式、连锁店式和电子商务。现在的京东商城提供的商品并不局限于3C类，正在逐步涉及服饰、食品和生活用品等多个领域，力图做到一个综合性的大型B2C电子商务平台。但是随着京东的逐渐壮大，其不足之处也逐渐显现出来。

1. 京东商城没有即时聊天窗口

现在，很多人在买东西之前都会习惯性问一下客服，在得到客服的确认之后才会去购买该产品，但由于京东商城没有即时的聊天工具，购买物品的客户不能及时和客服进行一定的交流，只能通过留言来向京东商城反映自己的需求和问题，这样会形成一个时间差，而在这段时间里，顾客可能已经在其他地方购买了该产品，从而导致客户流失。

2. 京东商城的客服效率不高

在很多时候，京东的客服电话基本属于打不通的状态，这样一来消费者就很难及时地反映自己遇到的问题或提出自己的需求，而京东商城也就没办法及时帮助消费者解决问题，时间长了会导致客户失去对京东的忠诚度。

3. 京东商城售后服务不足

在售后服务方面，京东也有很多的问题，很多客户购买的商品在相应的厂商售后部门得不到应有的售后服务支持，返修给京东，其保修效果也令很多客户不满意。

（六）京东商城 B2C 商业模式所存在的问题的对策

1. 增加客服即时聊天窗口

顾客需要和销售方针对有些问题进行即时沟通，虽然京东有服务电话，但是网购的客户更希望有网络即时通信工具。建议京东商城在自己的 APP 上增加可以与顾客进行即时沟通的窗口，让顾客的意见或者问题可以得到及时回应。

2. 加强对京东客服部门的监管

组建一个轮班制的客服部门，尽量保证客服能够一直在线，能够及时有效地为消费者解决疑惑，帮助消费者解决购物中出现的一些问题。

3. 加深和各厂商之间的合作

在售后维修上，京东商城要增加与厂商的沟通和相关协议，同厂商建立更好的合作，同时完善自己的售后服务中心，为顾客提供更好的售后服务。

二、苏宁易购融资案例

（一）案例概述

苏宁易购是建立在苏宁电器强大后台基础上的电子商务平台，是实体零售的辅助。苏宁易购旨在利用苏宁的既有优势，通过自主采购、独立运营，将虚拟经济和实体销售模式相结合，配合苏宁电器集团打造虚实结合的新型家电连锁模式。

目前，苏宁易购网站以通信、电脑、数码、家电、冰洗、空调、厨卫和生活电器为主。与此同时，苏宁易购也不拘泥于家电零售，在快速消费品、百货产品、家居产品及娱乐产品等领域全面布局，利用网络平台的便捷优势，实现由家电 3C 零售商向综合产品零售商的转型。

（二）苏宁易购的商业模式分析

1. 战略目标

首先，苏宁电器有意扩大其业务范围和门店数量。苏宁电器是苏宁易购发展的基础和后盾，他们共享物流服务体系。因此，苏宁电器规模的扩大对苏宁易购有着积极的意义。

其次，要加快苏宁易购自身产业链的建设，努力实现自主采购、自主销售、共享物流，创建独立的运营体系和互联网经济。与此同时，苏宁易购计划通过使用差异化的产品促销来避免与线下公司的直接竞争。

最后，苏宁易购计划成立一支 1000 人的专业 B2C 运营团队，力争占据 20%以上的中国家电网购市场，成为中国最大的国内零售平台。

2. 收入和利润来源

（1）价格成为最大的吸引力。中国的互联网用户已超过 300 万人，中国的互联网市场将进入快速发展的时期。如今，中国网民的数量逐渐向 400 万大关迈进。数量庞大的网民成为促使购物中心快速发展的土壤。

随着生活节奏的加快，消费者的态度和习惯越来越多样化，越来越多的消费者开始选择网购。业内分析人士表示，中国的国家电网收购市场仍处于发展的早期阶段，并不排除在未来几年内会由电子书、化妆品和小商品进一步扩展到大的耐用消费品，如家电、家居，甚至汽车。这么大的市场的快速增长已经吸引了传统家电连锁企业的青睐。

网上购物是对现代人最有吸引力的东西。但对家电等商品来说，方便快捷可能不是其最大的优势，廉价才是最大的"撒手锏"。苏宁相关人士表示，苏宁网店的产品价格将低于线下产品。凭借淘宝等 C2C 模式，苏宁易购因其稳定的供应渠道而具有更大的优势。

（2）物流优势。电子产品利润的逐渐淡化加速了 B2C 平台上电子商务的转型，掀起了一场轰轰烈烈的"变脸"运动。在转型的过程中，一些原有的优势被希望在新的范畴中更加淋漓尽致地展现出来。

在苏宁易购平台上，只要输入"运动鞋"这个词，就会有超过百件的鞋类产品出现在你面前，以李宁品牌为主。值得注意的是，在前端的显眼位置，苏宁易购平台均标有"收货城市"的选项，提醒消费者选择正确的收货城市，方便同城准确配送。在其他平台，这是未曾见到的一个细节。相关负责人表示，这是苏宁易购平台拥有的优势和物流信心。苏宁易购和苏宁电器股份有限公司共享物流配送网络，其网络遍布全国，没有其他自建物流系统，B2C 企业有地域限制。目前，苏宁易购拥有 1100 多家专卖店，93 个配送中心和 2000 多个呼叫中心座位。3000 多个售后服务网点覆盖全国，形成了立体的实体服务体系，消除了网上销售的后顾之忧。目前，中国 90%以上的城市和地区都有本地化服务。

（3）电子商务实施模式。通过苏宁电器的大量采购，我们可以获得比同行更低的采购成本来源。同时，我们可以利用该品牌开拓新的合作伙伴和多样化的产品类型。

与更多的第三方支付公司进行合作，加快支付方式的变化，优化网站设计，增强用户体验，努力改善购物环境，加强售后服务一体化，提高声誉和周转率。

（4）核心能力。首先，苏宁易购是最值得消费者信赖的品牌，品牌价值455.38亿元，品牌知名度高，声誉卓著。

苏宁易购在全国30多个省、200个城市拥有100多个物流中心、1000个配送中心、3000个售后服务网点和1000个呼叫中心。苏宁易购凭借快速服务响应赢得消费者的青睐，服务网点遍布全国各地，有着与实体店一样的"阳光服务"。

2010年1月25日，苏宁电子商务平台宣布将与IBM（International Business Machines Corporation）展开合作。苏宁电器依赖其庞大的采购和服务网络、数千家电器制造商、IBM和其他技术合作伙伴，努力使苏宁易购在三年内占据中国家电网购市场的20%以上，使它成为全国最大的3C家电B2C网站。

三、唯品会融资案例

2015年唯品会推出借贷服务唯易贷。

（一）开展供应链金融情况

产品供应链有诸多不确定性。获得品牌代理权的概率较低。大型品牌的来源较为特殊。唯品会的部分优惠活动会引发品牌方的不满。部分奢侈品网站正在寻找国外更大交易平台。

物流配送问题。目前，在物流配送方面普遍存在着服务态度恶劣、顾客满意度低等问题。唯品会作为销售奢侈品的电商平台，在此方面有着更高的要求。但是唯品会目前正在使用第三方物流配送，所以很难掌握包装运输环节，大大提高了运输过程中出现问题的概率。

唯品会致力于打造正品销售平台，并在此方面形成了一定的规模，为企业带来了巨大的利润收益。

名牌折扣+限时抢购+正品保险。唯品会的大部分产品均为厂家发货或换季服装，所以折扣的力度非常大。厂家直接供货可以省去中间大量的成本费用以及最后线下销售的场地租赁费和人员工资等。在品牌折扣的基础上，唯品会推出了限时抢购活动，把各种品牌安排在不同时间段限量发售。不仅如此，唯品会还会花大价钱确认商品的真假，保护消费者的权益，打造完美的企业形象。

（二）唯品会案例概述

广州唯品会信息技术有限公司成立于2008年8月，总部设在广州，网站于同年12月8日开通，其主要业务是在网上销售品牌折扣商品，产品涵盖服装、鞋包、美容化妆品、母婴和家居等主要类别。唯品会在中国开创了"现时彩妆品牌折扣"的新型电子商务模式，不断巩固加深"限时抢购＋正品保障＋名牌折扣"的模式。截至目前，唯品会已有高达3亿的注册会员，拥有45000名员工，积累了20000多个合作品牌，其中，2200多个是全网络独家合作品牌。2016年，其年订单量达到2.7亿份，同比增长了40%，重复购买率高达80%。

（三）唯品会的电商模式分析

1.战略目标

作为中国最大的品牌折扣网站之一，唯品会将与会员及合作伙伴合作，在中国B2C电子平台上打造第一品牌折扣网店，以优质的产品、专业的设计和运作以及完善的售后服务在市场上站稳了脚跟。

2.目标客户

有一定收入的年轻人，他们追求独立和新奇，追求个性和时尚，并愿意通过潮流商品来彰显自己。唯品会的产品时尚流行，价格低廉，非常符合这类人群的消费心理和习惯。这类人群的经济实力雄厚，社会地位相对较高。他们对购买的产品有很高的要求，唯品会为他们提供了高质量的品牌产品。所有主流品牌都以较低价出售，唯品会很快成为了品牌爱好者最喜欢的购物网站。

3.产品与服务

唯品会以其特殊的渠道购买各种品牌的商品，然后通过其网站销售。VIPSHOP为客户提供24小时客户服务热线，折扣低至10元，不包括所有品牌的产品，支持多种支付方式，提供7天内无条件退货的服务。VIPSHOP也为商家提供广告显示服务，允许其广告醒目地出现在网站上。2012年4月10日，该集团自主开发的VIPSHOP正式启动。唯品会在原有flash渠道的基础上，推出了更多种类、更多数量、更低折扣的热卖单品，以满足更多用户的需求。而且每天 9 点准时上新，其他频道的更新时间在 10 点左右，这样的错位销售，解决了用户和时尚信息共享又不同时进行的问题。

4. 价格策略

VIPSHOP 网站的定位是品牌折扣网站。通过与国际、国内知名品牌的代理商或制造商合作，VIPSHOP 将销售他们的产品，但不包括经纪费。建立长期合作的信任关系，使价格更低，并且选择了过季购买的模式，使产品更具竞争力。

四、天猫商城融资案例

天猫商城分别于 2012 年和 2014 年推出了小微贷款和汽车购买贷款。

（一）天猫商城开展供应链金融的情况

1. 管理不到位问题

在互联网的大环境下，很多商家把自家商品包装成品牌产品，并提高价格（不超过品牌真实价格）用来欺骗消费者。这种情况的频频发生导致品牌方的利益受到威胁，伤害了消费者的利益，扰乱了市场的公平竞争，更严重的可能会导致大型品牌撤出电商平台。

2. 法律风险

在互联网的大环境下，交易只在线上进行，这就意味着交易双方不会面对面地讨论产品的相关情况，因此，会存在一些漏洞。在天猫商城进行交易的时候，难免会有不良商家钻法律的空子，说出与产品完全不符的情况欺骗消费者，做出违背市场交易道德的事情。

天猫作为阿里巴巴旗下的综合商城，按照消费者的需求将产品进行了明确的分类，并在此基础上开展线下活动，全方面满足消费者的需求。

天猫拥有自己的官网，按照产品不同进行了详细的划分，推出了天猫商城 APP，在手机端为消费者提供服务。最主要的是，天猫与部分线下商城达成了协议，推行线下实体店，开设天猫小店等一系列的体验馆。消费者可以在实体店进行在线支付，并在店内取货，或者店内查看商品的质量再进行在线购买，增强顾客的购物体验。

（二）天猫商城发展 B2C 的原因解析

天猫商城隶属于阿里巴巴集团，在 2012 年正式宣布更名为天猫，是全新打造的在线 B2C 购物平台。从 2012 年到 2014 年，在 B2C 电子商务的市场格局中，天猫商城均占据主导地位，市场份额一直都超过了 50%。电子商务的竞争力来源于独特的资源和能力。天猫商城拥有其独特的竞争优势，作为一个综合性的网购平台，天猫商城的发展无疑是快速而耀眼的。

1. 与淘宝共享超大客户流量

B2C 电商获胜的关键是流量，有了流量才有市场，有了市场才有购买力。天猫商城是从淘宝网里面分离出来的独立的购物商城，但两者还是共享客户流量。在中国的网络购物市场中，淘宝网的客户流量是其他电商望尘莫及的，Alexa 排名是网站浏览量中最权威的排名指标，截至 2015 年 8 月，其排名第一的国内电商平台是淘宝网（11 名），其次是天猫（33 名）、京东商城（111 名）和当当网（1451 名），淘宝和天猫的浏览量远远甩开了后面的 B2C 网站，其市场召唤力异常强大。

2. 商品定位精确

随着人们生活水平的提高和对品牌质量意识的增强，消费者越来越偏好质量较好、价格适中的产品。天猫旗舰店的正品保质、低价折扣和 7 天无理由退货等活动很容易吸引消费者的眼光，获得消费者的认同。天猫商城作为一个综合性的平台，积极邀请国际大品牌加入，经过 3 年多的发展，已经有近 10 万商户入驻平台，拥有 9 万个品牌，涵盖了家电、服装、鞋帽、化妆品、家装、商超和海淘等各大行业。这些行业的领军企业纷纷进驻天猫，其中不乏国际知名品牌。

3. 造节营销

每月天猫商城都会进行打折促销活动，包括传统的春节、妇女节和国庆节等，还有其自创的"吃货节""双十一"和"双十二"等，而其中最疯狂的当属"双十一"。每年 11 月 11 日的"光棍节"已经被天猫商城成功地打造成了网络购物的盛宴。2009 年天猫商城首次开展"双十一"活动，销售额只有 0.5 亿元，到了 2015 年的"双十一"，销售额达到了 912 亿元，年均增长率为 250%，可见网络购物的爆发力惊人。从营销手段来说，"双十一"成为疯狂打折促销的代名词，消费者的心理接受度强；从营销效果来说，"造节营销"给天猫商城带来了巨大的交易额，且逐年刷新着销售奇迹，实现了企业和消费者双赢；从营销品牌来说，让国内外很多人都记住了天猫，品牌推广效应是国际性的。"双十一"的狂欢，使天猫商城发挥了其作为综合性平台的最大效用。

4. 支付宝的便捷支付

支付宝业务在电子商务支付领域开展，在不断壮大的过程中，与国内外 180 多家银行以及 VISA、Master Card 国际组织等机构建立战略合作关系，在电子支付领域是各金融机构最为信任的合作伙伴。支付宝不断根据客户的需求推出创新产品，如 2013 年推出较高收益的余额宝，支付宝变成了不仅能存钱还能赚钱的工具；2014 年末"天猫宝"也强势推出；同年支付宝与新浪微博合作开通了微博支付，支付宝与网络社交平台的合作提高了其市场渗透率。天猫商城依托于方便快捷的支付宝进行支付购买，这对有购物冲动的网民来说提升了他们的购物倾向，并且也让购物过程更省时、安全。

（三）天猫商城的优势和劣势

天猫是 B2C 领域的老大，是纯开放平台，利润来自于流量、广告和技术服务费。作为 B2C 电商平台，天猫商城的优势有以下几个方面：规模大；商品种类多；流量大；成本低；知名度高以及有阿里巴巴各方面的支持。当然，它也有很多的不足，比如，对商品的控制能力有限；物流依靠第三方；服务参差不齐等。

五、亚马逊融资案例

亚马逊平台上的许多商家都属于中小型企业，鉴于小企业贷款的困难和亚马逊对产品多样性的追求，亚马逊借贷应运而生。

（一）亚马逊 B2C 模式的优势和劣势

亚马逊公司在 1995 年成立，一开始只是经营书籍的网上销售业务，到现在其业务已经扩展到了其他领域，亚马逊已经成为全世界商品品种最多的网上零售商和全球第二大互联网企业。

亚马逊的优势包括以下几个方面：

1. 经济实力与全球化企业战略强大

作为美国最大的电子商务公司亚马逊的子公司，亚马逊中国拥有强大的经济实力和业界领先的 IT 系统，为企业的发展提供支持。另外，亚马逊还拥有强大的全球化战略，充分利用公司的核心竞争力，在中国、美国和加拿大等国均设立本地化网站，使产品绕过海外市场壁垒，更适应本土的市场需求。

2. 物流体系较为完善

亚马逊中国拥有先进的物流体系。公司在国内 16 个城市拥有自己的配送队伍，有 15 个运营中心，拥有先进的订单处理系统、库存管理系统和世界一流的自动化包装生产线。同时公司已向中国开通了 6 个海外直邮服务，协助消费者加快办理通关手续，并提供三种可选的配送服务（标准、加速、快递），以满足中国不同的地域特征及用户不同的需求，最大限度地节约物流资源和物流成本，缩短物流配送时间。

3. 运营网络庞大且先进

亚马逊中国拥有业内最大、最先进的运营网络。目前，在北京、成都、广州、苏州和上海等地共有 15 个运营中心，总运营面积超过 70 万平方米，主要负责仓储、库存管理、供应商收货、发货、订单发货、返厂、客户退货和商品质量安全等业务。

4. 本土个性化服务特点突出

亚马逊以客户需求为中心，实行客户体验官"一票否决制"。亚马逊一直在努力为中国用户进行创新，针对中国顾客的惯用语言和消费习惯，调整关税和售后服务。亚马逊表示，将向从海外购买商品的消费者征收进口税。此外，亚马逊海外商店的产品也能够在中国享受当地的售后服务支持。

5. 商品种类丰富

网络零售的优势在于它能为消费者提供丰富的商品选择。亚马逊中国可以为消费者提供 32 类、数千万种产品，如书籍、手机、数字、电影和电视、音乐、玩具、家电及家居用品等。

亚马逊的劣势包括以下几个方面：

1. 个性化推荐略有不足

在营销领域，亚马逊 30% 的销售额来自现场推荐系统。通过大数据的深入挖掘和分析，该推荐系统可以通过对每一个访客浏览记录的追踪满足该用户的潜在购买需求，而后，通过网页内的推荐商品信息精准提供产品和服务。亚马逊中国基于用户的购买及打分记录进行个性化推荐，而其他电子商务平台对浏览历史的挖掘应用较少。以著名的电子商务网站淘宝网为例，除上述信息以外，淘宝还对用户的点击、浏览等行为进行记录及分析，有效数据量较大，有利于推荐结果的准确化。

2. 产品展示有待加强

根据 Hubsopt 对消费者行为的调查，仅有三成的用户会阅读完图文类型的信息，超过一半（55%）的用户表示他们会完整地观看视频内容。如果想让内容信息更好地被用户接受，视频是首选的媒体形式。亚马逊主要是通过商品图片来进行展示的，淘宝利用微视频进行产品展示，生动形象，全面真实，更能获取客户的信任，因此，亚马逊在产品展示技术方面有一定的进步空间，技术有待加强。

（二）亚马逊 B2C 模式下盈利的经验与启示

亚马逊的"零利润"盈利模式不是被动的结果，而是一种主动的选择。在 1997 年致股东信中，贝佐斯曾强调，注重长期战略，专注于客户、节俭，通过收购来实现扩张是公司未来的策略。

1. 贯彻"客户至上"的理念

与其他电商不同，在亚马逊配送商品的"运送日期"一栏上，显示的是承诺送到的日期，而不是发货日期，这显示了亚马逊对客户最关心的问题的关注。一般电商企业网站上关于商品的评价都是按照时间进行排列的，而亚马逊把负面评价与正面评价共同列示，并且让客户对每一个评价的有用性进行打分。虽然负面评价会降低产品的销量，但是对顾客具有价值，这表明亚马逊并不注重短期盈利，而是注重营造客户体验，以长期赢得忠实客户。亚马逊对消费者的深入挖掘和满足，正是一系列微小细节的组合。

2. 延伸竞争优势

亚马逊作为一个零售渠道商，在供应链和产业链中不仅要做好销售这一个环节，还要向产业链上游渗透，力图延伸至整条产业链以建立竞争优势。无论是在 1997 年至 2001 年这五年时间内大量扩张产品类别，还是在 2001 年以后开始为客户提供计算机、广告出版或第三方物流服务等业务，都是在不断地向控制产业链的目标前行。在电商行业的特殊性导致业务平均毛利率下降和价格逐渐透明化的前提下，将控制力渗透延伸至产品的设计生产等上游环节，从而获得差异化的品牌效应。亚马逊的 Kindle 和 KDP（Kindle Direct Publishing）业务便是整合供应链和产业链的一个典型案例，它改变了原来传统出版行业的模式和规则。除了 KDP，亚马逊的 FBA、AWS 等服务都在向整条供应链延伸，并在电子商务产业链上建立整体竞争优势。

3.技术推动长期发展

技术是深入挖掘消费者需求、贯彻"客户至上"、实现创新的根本支撑。最初，亚马逊就是一个由数据驱动的公司，二十年间通过大量的技术资金投入和系列的规模扩张，从供应商管理、分发体系、网站商品交易到最后的物流配送，形成了一个完整的生态体系，强大的技术能力是推动亚马逊长期发展的基础保障。

第十章

基于 C2C 电商平台的供应链金融业务

C2C 是电子商务的专业用语，意思是个人与个人之间的电子商务，其中，C 指的是消费者，因为消费者的英文单词是 Customer，所以简写为 C，又因为英文中的 2 的发音同 to，所以，C to C 写为 C2C，即 Customer to Customer。比如，一个消费者有一台电脑，通过网络进行交易，把它出售给另外一个消费者，此种交易类型就称为 C2C 电子商务。

第一节　关于 C2C 电商供应链金融的介绍

一、中国 C2C 电商供应链金融的发展

1999 年，邵亦波创立易趣网，开创中国 C2C 先河。

1999 年 8 月，易趣网正式上线。

2002 年 3 月，eBay 注资易趣网 3000 万美元。

2003 年 5 月，阿里巴巴投资 4.50 亿元成立淘宝网。

2003 年 7 月，eBay 斥资 1.5 亿美元全资收购易趣网。

2004 年 4 月，一拍网正式上线，新浪占 33% 的股权，原雅虎中国占 67% 的股份。

2004 年 6 月，易趣网与美国 eBay 平台对接整合。

2005 年 9 月，腾讯推出拍拍网。

2006 年 2 月 15 日，一拍网彻底关闭，阿里收购一拍网全部股份，原一拍网用户被导入淘宝。

2006 年 3 月 13 日，拍拍网运营。

2006 年 12 月，TOM 在线与 eBay 合资，更名为 TOM 易趣。

2007年10月，搜索引擎公司百度宣布进军电子商务，筹建C2C平台，预计2008年初推出。

2008年5月5日，易趣宣布任何用户只要在易趣开店，无论是普通店铺、高级店铺还是超级店铺，都将终身免费。

2008年6月18日，百度网络交易平台正式在北京启动，并在全国范围内开展巡回招商活动。

2008年10月8日，淘宝总裁陆兆禧对外宣布，阿里集团未来5年将对淘宝投资50亿元，并将继续沿用免费政策。

2008年10月28日，百度电子商务网站"有啊"正式上线，有望开创新的电子商务格局。

2009年，C2C的新形式诞生，网购导购业进驻C2C，抢占市场份额。

2009年12月，D客商城正式上线，推动个性定制业发展。

2011年4月，百度电子商务网站"有啊"宣布关闭C2C平台，转型提供生活服务。

2015年7月，创意电商"鸟差网"上线运营，平台为C2C类型。

二、C2C电商供应链金融模式的操作流程

C2C电商企业的资金来源为自有资金，例如淘宝贷。它可以通过自身的信用水平帮助C2C平台商户向资金提供方申请融资服务。这种模式的操作流程如图10-1所示。

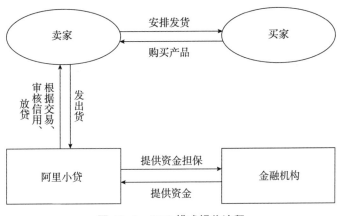

图10-1　C2C模式操作流程

操作流程：直接进入阿里巴巴信用贷款主页，并提供 C2C 网上商店资金、个人支付宝账户和实名认证的银行借记卡卡号以及信用报告授权的银行流程，随后阿里平台工作人员进行审核并发放贷款。

阿里小贷产品有面向 B2B（企业对企业）的阿里贷款以及面向 B2C（企业对个人）和 C2C（个人对个人）的淘宝贷款，其中，C2C 的淘宝贷款具体包括淘宝订单贷款和淘宝信用贷款。贷款申请人须为实际经营人，可以直接登录阿里信用贷款的首页，提交贷款申请表，并提供 C2C 网店资金的银行流水、经过实名认证的个人支付宝账户及银行借记卡卡号、信用报告授权查询委托书。随后，工作人员会和申请人网上视频对话，进行面对面的调查和审核，通过之后即可放贷。从申请到审批完毕，一般为 2~3 个工作日，申请人获贷最快的只需 2 天。部分贷款产品支持随借随还。比如，淘宝订单贷款，交易成功后，系统会自动扣除相应的交易额进行还贷，以节约 C2C 网商贷款的利息，加速阿里小贷的资金周转率。流程说明如下：

（1）卖方进入品牌供应商的电子审核平台，进行相关审核。

（2）审核未通过的卖家则不能取得订货权，通过审核的卖家取得订货权，并进入供应商电子订货平台。

（3）双方交易过程中产生的所有信息都记录在电子订货平台上。

（4）银行等金融机构利用云计算技术进入该订货平台。

（5）获取需要融资的卖方的相关信息，包括过往交易记录、信用记录和订单信息等。

（6）银行对该信息进行评定审核。

（7）若未通过审核，银行拒绝放贷；若通过审核，则银行为卖方放贷。

三、C2C 的盈利模式

1. 会员费

会员费也就是会员制服务收费，是指 C2C 网站为会员提供网上店铺出租、公司认证和产品信息推荐等多种服务组合而收取的费用。由于提供的是多种服务的有效组合，比较适应会员的需求，因此，这种模式的收费比较稳定。费用第一年缴纳，第二年到期后需要客户续费，续费后再进行下一年的服务，不续费的会员将恢复为免费会员，不再享受多种服务。

2. 交易提成

交易提成不论什么时候都是 C2C 网站的主要利润来源。因为 C2C 网站是一个交易平台，它为交易双方提供机会，相当于现实生活中的交易所、大卖场，从交易中收取提成是其市场本性的体现。

3. 广告费

企业将网站上有价值的位置用于放置各类广告，根据网站流量和网站人群精度标定广告位价格，然后再通过各种形式向客户出售。如果 C2C 网站具有充足的访问量和用户粘度，广告业务会非常大。但是 C2C 网站出于对用户体验的考虑，均没有完全开放此业务，只有个别广告位不定期开放。

4. 搜索排名竞价

C2C 网站商品的丰富性决定了购买者搜索行为的频繁性，搜索的大量应用就决定了商品信息在搜索结果中排名的重要性，由此便引出了根据搜索关键字竞价的业务。用户可以为某关键字提出自己认为合适的价格，最终由出价最高者竞得，在有效时间内，该用户的商品可获得竞得的排位。只有卖家认识到竞价为他们带来的潜在收益，才愿意花钱使用。

5. 支付环节收费

支付问题一向是制约电子商务发展的瓶颈，直到阿里巴巴推出了支付宝，才在一定程度上促进了在线支付业务的开展。买家可以先把预付款通过网上银行打到支付公司的个人专用账户，待收到卖家发出的货物后，再通知支付公司把货款打入卖家账户，这样买家不用担心收不到货还要付款，卖家也不用担心发了货而收不到款。而支付公司就成交额的一定比例收取手续费。

四、C2C 电商平台供应链金融的优缺点

（一）C2C 电商平台供应链金融的优点

（1）费用低廉，手续简便。只要会上网，两元钱就可以在网上开个店。任何人，只要愿意当"网上淘金族"，即使没有大笔资金，也能坐在家里自得其乐地当老板，利用互联网创业。

（2）机动灵活，基本不需要占压资金。传统商店如果不想继续经营，得先把原来积压的货物处理掉，而网上商店因为存货很少，进退自如，随时都可以更换品种，或者改行。

（3）销售时间不受限制，无须专人看守，却可时时刻刻营业。对所有的商

家来说，时间永远都是金钱。传统店铺的营业时间有限，而网上店铺是24小时全天候的，网店节省了人力投资，店主完全可以在享受生活的同时，把自家的网上小店打理得井井有条，还避免了因为来不及照看店铺而带来的损失。交易时间上的全天性和全年性，使交易成功的机会大大提高。

（4）C2C网络平台大大节省了成本，主要体现在人与人的沟通成本、货品展示成本、店面成本和商品折旧成本等方面。

（二）C2C电商平台供应链金融的缺点

（1）配送环节易出问题。交货延迟，甚至在交款后没有收到所需商品，成为目前C2C电子商务中经常出现的投诉问题。有的买家要求以快递的方式收货，而卖家却以平邮的方式邮寄；或者因货物在途中丢失，买卖双方扯皮的现象也时有发生。

（2）货实完全相符难以保证。中国电子商务最严峻的课题就是用户信心的培养，在C2C电子商务模式下，消费者获取信息的范围是有限的，它不像传统购物，能看到、摸到真实立体的商品，买家只能从网上提供的内容中获取有关商品的部分信息。因此，买家在网上对商品信息的了解是有缺失的，卖家无法百分百的满足用户的需求，交易信誉会出现问题。

（3）无人问津的售后服务。有些C2C交易后，卖家的售后服务较差，就算有售后服务也只是表面应付一下，许多问题根本得不到实质解决。一旦出现质量问题或其他纠纷，交涉起来较困难。

（4）账号存在被盗的风险。病毒泛滥的今天，黑客在网上无处不在，为了避免账号被盗，在使用网上银行的时候，最好用XP的软键盘。网上银行里不要放太多钱，在购物的时候再打入一定的钱较为安全。

（5）交易凭证问题。在传统的购物中，人们习惯索要凭证，即发票。但是，网上购物却是一"点"定音，由于C2C模式的电子商务的交易双方都是个人，因此，交易往往没有发票，这就导致很多交易没有相关的凭证，很多纠纷往往不了了之。

（6）鱼龙混杂，交易需谨慎。C2C模式的优点是东西比较多，而且有二手货；缺点是正宗货、假货和旧货混杂在一起，钻石店和骗子店都有，需要提高警惕，积累经验。

第二节　C2C 模式的供应链金融案例研究

一、淘宝供应链融资的基本介绍

淘宝网由阿里巴巴集团在 2003 年 5 月创立，是亚太地区较大的网络零售商圈，是中国深受欢迎的网购零售平台。淘宝网提倡"诚信、活跃、快速"的网络交易文化，坚持"宝可不淘，信不能弃"的经营理念。

随着淘宝网规模的扩大和用户数量的增加，淘宝也从单一的 C2C 网络集市变成了包括 C2C、团购、分销、拍卖、直供、众筹和定制等多种电子商务模式在内的综合性零售商圈。目前，已经成为世界范围的电子商务交易平台之一。

（一）供应链金融业务的基本情况

淘宝贷是淘宝网推出的"个人对个人""买家对买家""买家对卖家""卖家对卖家"的信用贷款和财富管理服务平台。

（二）产品概述

用户在获得信用评级后可以发布借款请求，无抵押、无担保地快速筹得资金，简单方便，满足了个人的资金需求；也可以把自己的闲散资金通过淘宝贷借给信用良好且有资金需求的人，获取比银行存款、银行理财和债券更好的回报，帮助他人，快乐自己，从而实现双赢。

（三）商业模式

（1）提供的产品及服务。淘宝网是 C2C（客户对客户）的个人网上交易平台和平台型 B2C 电子商务服务商淘宝商城，也是国内最大的拍卖网站，由阿里巴巴公司投资创办，创造了网络最大销售量的奇迹。区别于国内其他大型综合 B2C 购物平台，淘宝商城与淘宝网共享超过 9800 万会员，为网购消费者提供快捷、安全、方便的购物体验，提供 100% 品质保证的商品和 7 天无理由退货的售后服务，提供购物发票以及购物现金积分等优质服务。

（2）经营模式。淘宝网的建立为商家与个人、个人与个人之间搭建了一个平台，该平台提供了现有的个人交易的所有方式，包括拍卖、一口价、讨价还价和张贴海报等。

在线拍卖虽然被认为是一种 C2C 模式，但其实大量的交易仍然通过商户对个人来实现，实际上是 B2C。淘宝网的淘宝社区中设有"淘宝商盟"板块，商盟由会员自发组织，并结成社会团体，将同一地点或者同类商品的买家、卖家聚在一起。盟主由资深会员担任，并通过信用星级指数和发帖数来选择加入商盟的会员。商盟主要针对买家，以线上活动为主，组织相关培训，分享网上交易经验。所以，淘宝网和经典的 eBay 的 C2C 模式有很大的不同，它执行的是 B2B2C。

（3）盈利模式。

第一种是广告费。

淘宝免费提供服务，吸引了足够多的人流，巨大的流量使其成为了一个很好的广告展示平台，广告收入可观。

2007 年 7 月淘宝网正式启动网络广告业务，将网站中重要的 Banner 广告位和搜索结果的右侧广告位对外销售。网络广告服务是淘宝官方正式宣布的首个赢利模式，主要指开拓网络营销渠道，包括品牌旗舰店建设和代理商招募等方式，比如，帮助广告客户提升品牌、帮助客户促进销售等。另外，淘宝网还向广告客户推出了增值的服务计划，包括品牌推广、市场研究、消费者研究和社区活动等。凭借淘宝旺盛的人气，这会是一个非常可观的收入。

第二种是支付宝。

淘宝网成功的原因之一是拥有支付宝这个第三方支付平台，支付宝的担保交易模式为 C2C 的买卖双方提供了安全保障。淘宝网 2007 年的总成交额突破 433 亿人民币，其中，绝大多数的交易都是通过支付宝这个第三方支付平台进行的，因此，支付宝中沉淀了大量的资金。按照当时的存款利率，淘宝每年的利息收入高达 0.5796 亿元。这仅仅是按照交易额计算的利息收入，不包括买家和卖家由于个人原因而储存在支付宝中的更大数量的存款。同时淘宝网还利用这些巨额资金，通过投资和融资等多种手段获得了更高的收益。

第三种是增值服务收费。

增值服务包括淘宝旺铺、旺旺 E 客服和阿里软件网店版等，通过功能增值来区分用户，以达到收费的目的；淘客推广、黄金推荐位和淘宝直通车是以广告形式收费；支付宝卖家信贷则是通过与第三方合作的形式，各供所有，各取所需，以增加 C2C 平台、卖家和第三方的利益，达到三赢的目的。

第四种是商家排位。

基于网内商家亟须吸引客户而版面内容有限的情况，采取收取一定费用即可调整商家排位或商品展示位置等方式，实现盈利。

第五种是数据分析。

对淘宝网实时、海量的电子商务交易数据进行过滤、分析和挖掘，向有需要的商家或个人提供数据分析报告，帮助其了解市场信息。

第六种是个人信贷业务。

支付宝和淘宝网结合起来其实就成了淘宝的一个融资机构，基本上类似于银行，只是比银行简单。例如，淘宝网通过支付宝开展的个人信贷业务，通过与中国建设银行合作推出的一项个人小额信贷服务。个人信贷业务的开展一方面使卖家的资金流转速度加快，从资金方面支持了卖家以及淘宝网的发展；另一方面给银行与淘宝网带来了一定收益。

（4）管理模式。

第一种是信用评价机制。

信用评价是会员在淘宝交易成功后，在评价有效期内（成交后 3~45 天），就该笔交易互相做评价的一种行为。信用评价不可修改。

淘宝会员在淘宝网每成功交易一次，就可以对交易对象做一次信用评价。评价分为好评、中评和差评三类，每种评价对应一个信用积分，具体为好评加一分，中评不加分，差评扣一分。不同会员的评价累计记分，同一卖家的同一种商品不能累计记分。

支付宝是信誉的保证，即使没有星级，也能获得买家的信任，吸引更多的买家。卖家使用支付宝对同一买家的不同商品的评价也可累计积分，而且能获得比一般交易更多的信用积分。

第二种是实名认证制。

个人用户认证与商家用户认证需要提交的资料不一样，个人用户认证只需提供身份证明，商家认证还需提供营业执照，且同一个人不能同时申请两种认证。这使买家，也就是消费者的利益得到了保障，在遇到问题时，方便同卖家交流或者向淘宝求助。

为了方便消费者认识商品和搜寻商品讯息，淘宝提供了宝贝搜索引擎。对相同或相似的商品进行分类，提供链接和导航，方便顾客快速找到所需宝贝。对于相关产品或同类产品，还有相应的对比平台。买家可以通过对品牌、类型、价格和新旧等方面做出具体要求来缩小选择面，快速找到更高信誉度的卖家和所需的高性价比商品。

第三种是诚信建设。

淘宝网和多家银行签署了全面合作协议，建立了诚信交易的网上银行支付模式。交易前，买卖双方可查看对方的信用记录，也可以通过其他买家的评价来判断是否进行交易。在交易过程中，淘宝网则通过支付宝这一工具对买卖双方的诚信进行监督。淘宝网还会把对买卖双方的诚信认证监督权提交给公安部。另外，支付宝还推出了全额赔付制度，对于因使用支付宝而受骗、遭受损失的用户，支付宝将全部赔偿其损失，并打出"你敢用，我就敢赔"的口号，成为国内第一个主动全额赔付以保障用户利益的电子商务网站。

（5）支付模式。支付模式包括支付宝、支付宝卡通付款、网上银行付款（银行卡）、信用卡支付和现金付款等。

（6）技术模式。

第一种是 IM 工具。

即时通讯工具（Instant Message，IM）能迅速进行虚拟场景的实时交流和信息互传，如 QQ、MSN 等。淘宝旺旺是完全以淘宝网为生存场景，开发的 IM 个人网店专用工具，它整合了特色的动画表情、强大的聊天记录、即时信息、交易管理和支付宝等功能，使中国的 IM 工具出现市场细分，满足了网上交易的需求。

第二种是支付宝。

安全支付是 C2C 网站的软肋，也是中国电子商务发展所面临的首要问题。2003 年 10 月，淘宝网推出了支付宝服务，有力地保证了网络交易者的利益。

二、淘宝开展供应链金融的情况

信用风险。在 2016 年的"3·15"节目上，淘宝网卖家刷单的情况被曝光，严重欺骗了消费者，使淘宝网面临着信用风险。虽然淘宝网作为 C2C 模式中最大的电商平台深受大家喜爱，但是在没有口碑和众多消费者的情况下，信用风险的程度只会更大。

广告收入占比过高。相关研究证实，广告收益占淘宝总收益的 80%。这也就说明，买家会先关注网页广告推荐并受到影响，然后对应卖家会进一步提升对商品的广告投入，最终使淘宝收益再次提升。但是过高的广告收益会降低风险抵抗的能力，不利于淘宝的长期发展。

作为 C2C 模式下成功的典型案例，它拥有很多自身发展的优势。

三、淘宝供应链金融的优势

交流工具。淘宝网在 2004 年推出的淘宝旺旺不仅拉近了买卖双方的聊天距离，还为买家提供了消息提醒的服务，以防发生买家交易信息丢失的风险。

信用体系。经常使用淘宝购物的消费者都知道，每次交易结束后都会经过卖家评价这一环节，评价分为好、中、差三种。买家的每次评价都会使淘宝网系统对卖家进行信用评级，以便新老客户进行购物选择。

第三节　C2C 模式在电子商务背景下的比较分析

一、淘宝网的发展

我国最大的 C2C 电子商务平台是淘宝网，其主要依托于阿里巴巴的 B2B 经营模式和成功经验。在经营策略上，淘宝网采取的是免费支持 C2C 平台发展的策略，而这一策略的应用使淘宝网成为了网络商务中的领先者。同时，淘宝网以打造立体商圈为主，其经营的产品广泛，是目前我国网络上最大的商品零售市场。2007 年，淘宝网开始进行网络营销，利用广告、增值业务等服务开始赚取利润。同时，随着移动网络的发展以及客户终端产品的丰富，淘宝网适时地推出了手机版淘宝，并成为了当前电子商务市场中最活跃的服务，淘宝网的此项举措代表着淘宝网已经开始开展 B2C 业务，因此，淘宝网 B2C 的平台会很快与网民见面，从而寻求更加广泛的发展空间。

二、易趣网的发展

易趣网是我国首家 C2C 网络购物平台，但是由于淘宝网的横空出世和免费业务提供，导致易趣网的发展受阻。2002 年，通过美国 eBay 公司的注资，易趣网与其结成战略合作伙伴，2006 年，eBay 与 TOM 合作共同打造了 eBay

易趣，并于 2007 年重新推出了易趣网络 C2C 平台，这意味着在沉寂了多年后，易趣开始重新启动。易趣网从起源到现在共更换了三次品牌，品牌的更换导致大量的客户流失，但是易趣的先入为主性获得很多网民的支持，因此，在品牌的影响下，易趣在网络 C2C 平台上的地位也是不可撼动的。为了获得更广泛的关注，易趣开始寻求与其他网站合作，与网易等网站的合作发挥了各自的优势，实现了资源的互补和共享。同时，通过对国人购买海外产品的需求调查，易趣开启了海外代购服务模式，虽然易趣代购需要走正规的海关程序，但是在购买商品的价钱上，要比国内市面上的价格低很多，这也使易趣网的客户大幅度增加。易趣网与其他 C2C 网络平台最大的区别在于，其一直采用收费的策略。因为收费，所以易趣在客户的维护方面显得有些吃力，因此，其需要不断地探索能够使客户愿意付费的网络服务方式，更重要的是提升人气。因此，易趣推出了"易趣卖家共成长"的计划，这项活动主要是针对淘宝网的经营策略。淘宝网在信用度的核实上是通过交易的诚信比例来进行转换的，而易趣的成长计划是以淘宝网的信用度衡量物"钻"和"皇冠"为依据开展的，淘宝网中 1~5 个钻的用户，在易趣网中可以获得对应的 20~50 的信用度；同时淘宝网中具有"皇冠"以上信用度的卖家，在易趣网中可以获得 100 的信用度，这项活动利用提高信用度的方式来抢占淘宝网的客户，从而提升易趣网的人气。

三、拍拍网的发展

拍拍网隶属于腾讯，是依托腾讯庞大的用户群来开展的电子商务交易模式。腾讯网具有超过 7 亿的用户群，同时具有 3 亿以上的活跃用户，这些都是拍拍网独特的优势，为拍拍网的发展奠定了基础。商品的丰富性与腾讯高人气性的结合，使拍拍网从推出开始就获得了飞速的发展，成为了国内成长速度最快的 C2C 电子商务平台。腾讯针对拍拍网推出了在线生活战略，在腾讯其他业务的支持下，拍拍网一直主打时尚、新潮的品牌文化，力求建立一个个性化的社区化电子商务交易平台。拍拍网从创立开始就将"用户第一，体验为主"作为其主要的营销理念，通过对拍拍网的调查发现，其主要推出的是女性产品，占所有零售产品的 30% 以上，同时又根据女性相关产品的特性以及消费群的特点，主推体验服务，从而增加体验用户人群。另外，为了提升用户的体验效果，推出了视频秀的互动方式，这是国内首个采用视频秀互动购物方式的网站，不仅提升了卖家的信用度，还防止了商品实物与图片不符的问题出现。

同时，拍拍网与 QQ2007 联合，推出了社区化电子商务的经营管理模式，通过聊天工具与 C2C 网站的结合提高了拍拍网登录、交流和购物的便捷性，在抢占市场中起到了非常重要的作用。

参考文献

［1］谷少辉.中国银行河北省分行供应链金融业务的应用分析［D］.保定：河北金融学院，2017.

［2］陈静.中国银行宁波分行供应链金融风险管理研究［D］.宁波：宁波大学，2019.

［3］张蕾.建设银行新疆分行供应链金融业务营销策略研究［D］.乌鲁木齐：新疆大学，2019.

［4］寇京.建行 X 分行供应链金融业务发展策略研究［D］.太原：山西大学，2019.

［5］朱永良.农业银行供应链金融风险管理研究［D］.武汉：华中科技大学，2018.

［6］黄晓婷.中国银行福建省分行供应链金融发展研究［D］.福州：闽江学院，2019.

［7］余善昌.沃尔玛连锁超市（中国）与供应商关系研究［D］.北京：北方工业大学，2018.

［8］左龙.我国中小企业融资困境及解决［D］.济南：山东大学，2013.

［9］张楷笛，杨爱义.中小企业“供应链融资”体制及其改进策略——以沃尔玛百货有限公司“供应链融资”为例［J］.西部财会，2016（6）：40-43.

［10］沈琪，周子元.基于供应链金融的物流企业融资问题研究［J］.企业技术开发，2016，35（9）：30-31.

［11］刘志文.基于供应链金融的物流企业融资模式优化路径分析［J］.商业时代，2014（15）：15-16.

［12］汪毅之.顺丰公司供应链金融模式的案例研究［D］.武汉：华中科技大学，2018.

［13］郭青.基于供应链金融理论的第三方物流企业融资模式研究［D］.郑州：郑州大学，2016.

［14］魏学静.企业物流供应链融资及其运行机理研究［J］.企业改革与管理，2014（2）：17–18.

［15］刘雅琴.我国物流行业供应链融资模式与潜在风险测度［J］.商业经济研究，2018（16）：89–91.

［16］韩於憬，张蒙.第三方物流企业供应链金融融资风险控制研究［J］.中国集体经济，2018（36）：97–98.

［17］邹敏.供应链金融环境下中小物流企业融资模式探讨［J］.中国物流与采购，2010（16）：62–63.

［18］张璇，杨雪荣.基于供应链金融的物流仓储企业存货质押融资风险研究［J］.物流工程与管理，2015，37（10）：42–43，48.

［19］王琼芳.商业银行推进供应链金融：优势、模式与发展阶段［J］.金融纵横，2018（6）：68–74.

［20］丁永芹.中国建设银行供应链金融业务发展研究［D］.扬州：扬州大学，2015.

［21］罗颖.农业银行供应链金融产品与案例研究［D］.成都：西南交通大学，2017.

［22］赵海萌.中国银行S分行供应链融资业务风险管理研究［D］.济南：山东大学，2017.

［23］陶岚，邓晓雪.银行在线供应链融资业务研究——区块链方向［J］.江苏商论，2019（11）：57–63.

［24］李小金，胡雯莉.基于B2B电商平台的线上供应链金融模式及其风险管理研究［J］.黑龙江工业学院学报（综合版），2019，19（5）：113–118.

［25］于辉，李西，王亚文.电商参与的供应链融资模式：银行借贷vs电商借贷［J］.中国管理科学，2017，25（7）：134–140.

［26］徐鲲，丁慧平，鲍新中，等.基于第四方物流双边平台的供应链融资模式及收益分配研究［J］.北京交通大学学报（社会科学版），2016，15（4）：93–101.

［27］徐鲲，丁慧平，鲍新中.电商双边市场供应链融资的合作机制构建与溢出价值分配［J］.系统管理学报，2017，26（5）：897–905.

［28］赵金实，段永瑞，霍佳震.第三方平台供应链金融环境下双渠道供应链协调机制对比研究［J］.工业工程与管理，2016，21（3）：32–39，49.

［29］张浩，张潇.基于马尔可夫模型的电商平台供应链金融风险控制［J］.

云南财经大学学报，2017，33（2）：118-126.

　　［30］屠建平，杨雪.基于电子商务平台的供应链融资模式绩效评价研究［J］.管理世界，2013（7）：182-183.

　　［31］宋华，陈思洁.供应链整合、创新能力与科技型中小企业融资绩效的关系研究［J］.管理学报，2019，16（3）：379-388.